观复猫

GUANFU CATS

中国古画有玄机

马未都 编著

檀仁 绘

第二辑（上）

中信出版集团 | 北京

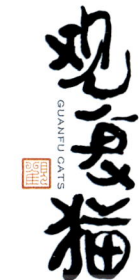

图书在版编目（CIP）数据

观复猫.中国古画有玄机.第二辑/马未都编著；
檀仁绘. -- 北京：中信出版社，2022.9
ISBN 978-7-5217-4479-8

Ⅰ.①观… Ⅱ.①马…②檀… Ⅲ.①收藏—文化—中国—通俗读物②中国画—作品集—中国—古代 Ⅳ.
①G262-49

中国版本图书馆CIP数据核字(2022)第096485号

观复猫：中国古画有玄机（第二辑）

编　　著：马未都
绘　　者：檀仁
出版发行：中信出版集团股份有限公司
　　　　　（北京市朝阳区惠新东街甲4号富盛大厦2座　邮编　100029）
承　印　者：鸿博昊天科技有限公司

开　本：787mm×1092mm　1/12	印　张：33.5	字　数：300千字
版　次：2022年9月第1版	印　次：2022年9月第1次印刷	

书　号：ISBN 978-7-5217-4479-8
定　价：169.00元（全两册）

版权所有·侵权必究
如有印刷、装订问题，本公司负责调换。
服务热线：400-600-8099
投稿邮箱：author@citicpub.com

序

中国画在概念中先是一幅山水画，远山近水层峦叠嶂，丈山尺树寸马豆人，似有一番规则；后是一幅花鸟画，翎毛走兽花草鱼虫，残花败柳红树春枝，尽在笔墨之中；最后才是人物画，士子仙人僧侣俗众，虽出现较山水花鸟早，但其数量远逊于二者，并于后世逐渐式微。

这是一个极为奇怪的文化现象，究其原因，可能是因为人物画肩负的社会责任较重。古时朝代更迭频繁，风云变幻之际，人物画较山水花鸟创作意图明确，会招致不必要的麻烦，故历代文人开始寄情于山水，娱乐于花鸟，山水花鸟画渐渐成为中国画的主流，自娱自乐，讲究气韵笔墨，忽略社会意图，构成蔚为大观的艺术画卷。

而人物画则由早期的劝善戒恶的故事，渐渐注重人物思想情感的表达，尤其魏晋之后，人物画一度贴近玄学，进入宗教，将思想解放，把控人物的脉搏。到了隋唐五代两宋，中国人物画忠实地记录这一阶段历史的流变，留下了具有现实意义的不同而生动的历史画面。进入明清之后，人物画写真写实多了起来，尤其记录皇家生活更是一份重任，喜庆场面、吉祥节日无不在画家笔下形成定格。

《观复猫：中国古画有玄机》系列就是基于这一史实而二度创作的。中国人物画历来主张以形写神，形神兼备，又主张画中人物要表达的虽是人物，但要有教化之用，无论是记录，还是纪念，抑或供奉戒鉴，人物画都必要肩负社会重任，"留乎形容，式昭盛德之事；具其成败，以传既往之踪"。

既然古人指出了人物画的特性，《观复猫：中国古画有玄机》就紧紧地抓住了这一点，将中国古代著名的人物画梳理一遍，遴选其中53幅，几近包揽了中国历史上最有名的人物画，让观复猫天团中适合画中角色的猫馆长替换上场，扮演古代人物，重新演绎这场历史大戏。无论是《步辇图》中的唐太宗接见吐蕃使臣禄东赞，还是《韩熙载夜宴图》设家宴载歌行乐；无论是《簪花仕女图》的雍容华贵的唐代美人，还是《月曼清游图》的文雅秀丽的清代仕女，观复猫都以谐谑的态度登场，博得观者欢心，放达豁然无隐。

在二度创作中，观复猫煞费苦心，请出观复博物馆收藏的历代文物，巧妙地与古画时代氛围契合。这些文物的出现，从某种意义上讲，既增加了历史的真实度，又增加了可信度，让观复猫扮演的历史画面更加亲近当今的读者。同时，又邀请猫以外的小动物客串角色，调剂画面，两相得宜。

观复猫作为观复博物馆的使者，这些年没少出书，书分三大类：插画类、漫画类、摄影类。三类图书各有所长，相得益彰。其中，插画类细分为两种，一种是无中生有的创作，一种是有中生无的二度创作，此书则为后者。二度创作既给了作者创作空间，又要囿于原画的格局基础，所谓戴着镣铐跳舞，难度可想而知，而画者檀仁的兴趣则在难度。

子曰：温故而知新，可以为师矣。这本小书就是这个意思。

是为序。

马未都

辛丑小暑

189
张果见明皇图
千里马常有,而伯乐不常有?

159
斗浆图
边喝茶,边决斗吧

133
秋庭婴戏图
庭院秋声落枣红,拾来旋转戏儿童

撵茶图
品味宋代下午茶
173

春游晚归图
高调晒出的精致生活
145

货郎图
古人的移动百货店
117

目录

101 清明上河图 探秘宋代大都市

071 重屏会棋图 人在棋局不觉迷

039 捣练图 流水线上的大唐红颜

007 女史箴图 镜像中的复古喻今

087 绣栊晓镜图 寂寞空庭春欲晚

055 宫乐图 情感与理智的平衡之美

023 北齐校书图 百年铅椠老书生

309

仕女簪花图
画里画外，何处真

339

宫妃话宠图
清宫秘事之皇帝没时间

365

福禄寿人物图
人类永恒的美好愿望

乾隆帝写字像 乾隆帝妃古装像
皇家『情侣』头像

323

燕寝怡情图
贵族生活『老照片』

351

儿童版宫廷佳节
吉庆图
『音乐会』

379

279 **月曼清游图·围炉博古** 后宫佳人的小世界

249 **雍正帝观花行乐图** 莫负了好春光

223 **竹园寿集图** 一场高级"生日趴"

293 **威弧获鹿图** 不爱红装爱武装

265 **平安春信图** 跨越时空的追忆

237 **桐阴昼静图** 让我们一起"虚度"时光

209 **岁朝佳兆图** 岁末驱鬼祈福来

出其言善千里應之苟違斯義
同衾以疑

女史箴图

镜像中的复古喻今

古画
GUHUACHUANQI
传奇

一句玩笑引来杀身之祸

公元前16年，汉高祖弟楚元王四世孙、敢于直言进谏的西汉光禄大夫刘向，编撰了一部女性伦理道德之书——《列女传》。刘向在书中为上古至西汉的百余位女性立传。在这些女性中，既有"贤妃贞妇"，也不乏"孽嬖乱亡者"。刘向编撰此书的重要目的是规劝汉成帝归心朝政，不要专宠皇后赵飞燕，远离荒淫生活，以免外戚当权。

前车之鉴，说来容易，历史总爱以相似的面貌出现在无数个"当下"，再次成为"他人的故事"，并在时间的洪流中循环往复滚滚向前。时间到了西晋，生性痴愚的西晋惠帝司马衷，不理朝政，皇后贾南风趁机暴虐专权。老臣张华为维护朝纲，劝诫贾后，于公元292年撰写了历代贤妃的故事，名为《女史箴》。

女史，原为古代女官名称，也是对知识女性的美称；箴，为劝告规诫的文体。《女史箴》意在劝谏妇女修身养性，遵守礼法。然而一切都晚了，就在张华写下《女史箴》之后的短短十多年，西晋在经历了"八王之乱"后便草草走向灭亡。

100多年之后，酒醉的东晋孝武帝司马曜对已是而立之年的宠妃张贵人打情骂俏地说"汝以年当废矣"，意思是"你岁数大了，该被抛弃了"。君无戏言，可以想象这句玩笑话在张贵人听来会是怎样的震惊与不安。据《晋书》记载，"贵人潜怒，向夕帝醉，遂暴崩"。当晚皇帝喝醉，然后就突然死了。正史没有告诉后人皇帝的死因，但野史记载是张贵人在盛怒之下，潜通心腹捂住大醉皇帝的口鼻，令其窒息而死。或许是为了平息后宫的这场丑闻，又或许是想再次警示当政者，朝廷委派画师顾恺之以西晋张华《女史箴》为纲，创作了一幅画卷，这便是享誉后世的《女史箴图》。

一部图像化的女德典章

顾恺之所绘《女史箴图》原作，今已佚失。目前传世

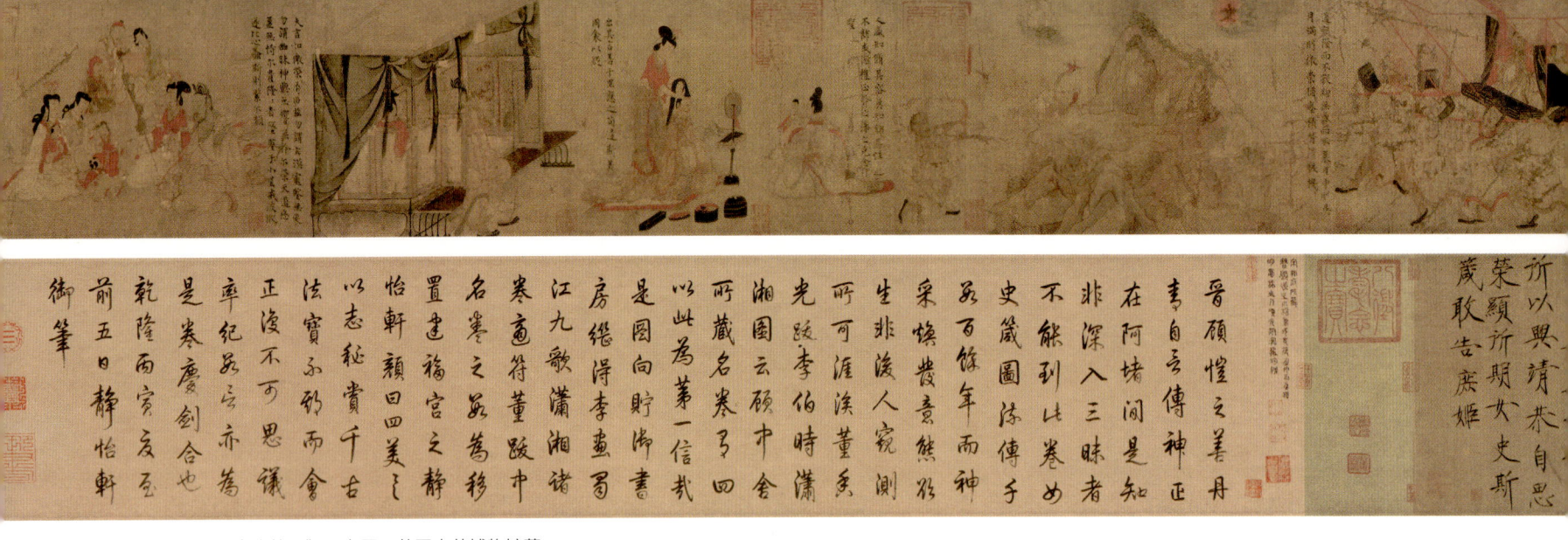

《女史箴图》 东晋 英国大英博物馆藏

的《女史箴图》为两卷：一卷被认为是唐摹本，绢本设色，原卷绘有12段，现仅存9段，藏于大英博物馆；另一卷被认为是宋摹本，纸本水墨白描画风，12段完整，现藏于故宫博物院。本书所述仅围绕大英博物馆所藏展开。

大英博物馆藏《女史箴图》长343.75厘米，宽24.37厘米，随画芯徐徐展开，9段独立的故事也纷至沓来："冯婕妤以身挡熊""班婕妤辞辇""日中则昃，月满则微""修容饰性""同衾以疑""夫言如微，荣辱由兹""专宠渎欢""靖恭自思""女史司箴"。故事间由相应的箴文作为分隔和引领，画卷末有"顾恺之画"四字署款，令人浮想联翩。画师承袭汉代石室、石阙画像遗韵，强调笔端的调度和晕染，每一笔都力求飘逸灵动，使得人物尤其是女主人公们的造型修长、优美，衣袖飘带迎风曳动。

整幅《女史箴图》长卷根据劝诫内容可大致分为三部分："与帝王处""借景喻理""宫廷礼节"。"与帝王处"包括开篇"冯婕妤以身挡熊"与"班婕妤辞辇"两段。"冯婕妤以身挡熊"一幕，冯婕妤虽为侧影，但神情傲然冷静，上身前挺，步幅前驱，与手持长矛的兵士一起抵御悍熊，举止不卑不亢。向后飞逸而去的褒衣博带，将瞬间的动感表现得淋漓尽致，与畏缩在身后的皇帝和花容失色的嫔妃们形成了强烈对比。接下来画卷以一句箴言开启："班婕有辞，割欢同辇。夫岂不怀，防微虑远。"作为本段故事主人公的班婕妤依旧以侧面示人，班婕妤独站辇外，目送皇帝的车辇前行，一副绝世独立的模样。

　　展卷左行，看到卷中唯一一处山水小景，画师以高古线条勾勒出重峦叠嶂的山峰，有良田、水渠横贯山腰，也有飞禽走兽盘踞其间，天空中绘有金乌和玉兔，象征太阳和月亮。山脚下一猎人欲弯弓射向远方，画家借景喻理："道无（冈）隆而不杀，物无盛而不衰。日中则昃，月满则微。崇犹尘积，替若骇机。"世间万物都是在不断衍化发展的，国家的兴旺衰落虽符合规律，但也有长期量变因素，积累到质变就如同张满的弓弩般，一触即发。

　　接下来的一幕开启了《女史箴图》"宫廷礼节"的篇章，引出这一幕故事的是《女史箴》中的一段话："人咸知修其容，（而）莫知饰其性。性之不饰，或愆礼正。斧之藻之，克念作圣。"这是告诫女子们恪守贞德，不要逾越礼仪正道，抑制了内心的妄念，也就开始有了圣人的行为。卷中所画先是一位女子席地背侧坐，一手持镜，一手对镜理妆，镜中映出一副姣好容颜。以今人眼光看去，这位女子在镜中理妆的手并未形成镜像，而是与镜外的手趋于雷同。仔细观察这面映出美人面孔的镜子，也不难发现镜面没有厚度和角度，仅由一条细线勾勒了镜子的边缘。这两处看似不合理的"谬误"恰恰也是高古绘画中无从运用写实技巧，却充满拙朴揣摩的动人之处。执镜女子身旁是一位端坐于席子之上，正由侍女伺候梳妆的女子。女子面前的铜镜架放在漆质的镜托之上。身旁地上还摆放着大小不一的漆奁，里面装有各种化妆用具。

　　画卷中接下来描绘的故事均有帝王的形象参与，从寝室到厅堂，都在劝诫女子在宫中不要放纵怠慢，要恭谨奉守宫廷礼节。画卷的最后一幕，一名宫中女官正一手执笔、一手抚纸记录书写，一旁落有"女史司箴，敢告庶姬"的字样。"女史司箴"这一幕出现在结尾，似乎表明之前画芯中出现的一系列场景故事都是这位女史笔下"箴言"的图像化展现，也重申了画家的创作主旨："女德教化"对一个君贤民安、秩序稳定的理想社会的重要性。

《女史箴图》到底为谁而作

回到1600余年前的那个初冬，年仅34岁的孝武帝酒后溘然长逝，画家奉朝廷之命创作了堪称"女德"典章的《女史箴图》。此画虽然没有明确的指向性，但也隐晦地暗示了包括后宫嫔妃在内的天下女子坚守妇道的重要性。回顾历史，从西汉的《列女传》到西晋的《女史箴》，再到东晋的《女史箴图》，数百年过去了，历史如同情景再现般上演着相似的一幕又一幕。《女史箴图》究竟是为谁而作？是为不正朝纲的皇帝而作，还是为祸乱后宫的妃嫔而作？显然都是，又都不是。如此孱弱、滞后的政治宣传，甚至让后人怀疑这幅画只是一场政治游戏的附属品。也许唯一可以肯定的是，这幅画卷真实地反映了男权社会主导者们意欲降伏全天下"悍妇"的野心。

从现代人的角度来看，这种封建思想当然非常落后，要以批判的眼光看待。但这不影响《女史箴图》艺术上的价值，我们完全可以尽情欣赏它在艺术上的成就，取其精华，去其糟粕。

《华严一乘十玄门》中有这样的记载："犹如众镜相照，众镜之影现一镜中。如是影中复现众影，一一影中复现众影，即重重现影，成其无尽复无尽也。"人们常说"以史为鉴"，历史是放在今人面前的一面镜子。线性的历史是由无数个"当下"构成的，那历史就可以看作时间长河中的无数面镜子，在众镜之间，相互辉映，一边重复故去，一边隐喻今天和未来。

人咸知脩其容莫知飾其性性
之不飾或愆禮正斧之藻之克念
聖

出其言善千里應之苟違斯義
同衾以疑

同衾以疑

观复猫 《女史箴图》

钻入古画的观复猫

观复猫庄太极和韩昏晓是一对阴阳脸小姐妹,一个长毛,一个短毛。这次她们联袂出演的是东晋画家顾恺之创作的大名鼎鼎的《女史箴图》。

《女史箴图》第四段表现的是"人咸知修其容,莫知饰其性"的主题。温柔可人的韩昏晓饰演了对镜整理仪容的女子,镜中映出昏晓独特的面庞,娴静独立的神态跃然眼前。庄太极则饰演端坐镜前的女子,大概是因为长毛不好打理吧,所以她身后还有个白猫侍女为她梳妆。整个画面带有魏晋风气——美姿容,好风仪,不知道太极和昏晓有没有打动你呢?

观复猫

GUANFUMAOSHUOWENHUA

说文化

彩绘云气纹漆盖盒
西汉　观复博物馆藏

　　汉代是中国封建社会的第一个高峰，各种盒类尤其是漆盒不胜枚举。漆盒在2000年前可以算作奢华之物，有特殊功能的盒具开始出现。此时盒子的功能具体化，为后世树立了榜样。

　　彩绘漆器需在光素的底面上用各种色漆绘制出或简约或繁复的花纹装饰。这件盖盒上的云气纹是汉魏时代流行的中国传统装饰花纹之一。流畅的线条组成图案，随意而简约，体现了古人对自然的崇拜。

铜鎏金嵌松石玛瑙熊形镇

汉代　观复博物馆藏

中国人曾改变过起居形式，魏晋以前，古人并不是像我们今天这样垂足坐，而是席地而坐。然而铺在地上的席子在落座起身的过程中常常会移动，于是放置在席子四角的"镇"就出现了。席镇流行于秦汉魏晋，是生活中必备的小物件。为了避免钩破衣物，席镇的线条往往柔和圆滑。

这件熊形镇为铜鎏金材质，内部还灌了铅用来增加重量，表面镶嵌了小颗松石、玛瑙加以点缀。熊的形象在汉代很受欢迎，因为它代表力量。这件镇把熊的外形处理得憨厚可爱，有了一种活泼的趣味。

四神纹铜镜
西汉　观复博物馆藏

"四神"指的是青龙、白虎、朱雀、玄武这四个古代神话中的神灵，分别代表东、西、南、北四个方向。中国古代的天文学家将天空分成不同区域：东方为苍龙象，西方为白虎象，南方为朱雀象，北方为玄武象，称作"四象"。

四神纹代表着辟邪求福的美好心愿，在汉代、两晋、南北朝，甚至唐代初年都很流行。出现在铜镜、瓦当等器物上的四位神灵，守护着千千万万古代民众期盼平安顺遂的美梦。

玉雕凤首发簪
汉代　观复博物馆藏

早在周代，女子到了15岁，就要举行一个成年礼，叫"笄礼"。在行笄礼时，女孩子会一改幼年的发式，将头发绾成一个髻，再用笄插入发髻将其固定。一个崭新发髻的完成，意味着女孩从稚嫩走向成熟。秦汉之后，笄逐渐被簪代替，发簪遂成为女子头上固发、装饰不可或缺之物。

凤在古代传说中为百鸟之王，凤飞时百鸟随之，是古人心中的吉祥之鸟。古人将一只凤鸟雕刻在一支玉簪之上，轻插在女子的发髻中。这支发簪或馈赠自父母，或来自心上人，"青丝渐绾玉搔头，簪就三千繁华梦"。物是人非，一支发簪，成为一个汉代女子生命岁月的见证。

北齐校书图

百年铅椠老书生

古画
GUHUACHUANQI
传奇

坏时代，好时代

让我们先在中国历史时间轴上标注出以下这些节点：公元 220 年曹丕代汉称帝，始建曹魏政权；公元 265 年魏元帝禅位，司马炎开创西晋政权；公元 420 年刘裕代晋自立，刘宋政权诞生；公元 386 年拓跋珪开创北魏政权；公元 581 年北周朝臣杨坚建立隋朝；公元 589 年隋文帝杨坚灭南陈。

如果我们将这些节点编连成一个时代框架，那么在这具框架中安放着诸多裂变更迭的王朝，它们如昙花一现般璀璨而短暂，留给后世的是千头万绪。如果我们给这个繁杂的时代一个代名词，它就是前承东汉、后启隋唐、历时近 370 年的魏晋南北朝。

19 世纪英国作家查尔斯·狄更斯在《双城记》的开篇写道："这是一个最好的时代，也是一个最坏的时代……"每一个时代都有其辩证的色彩，魏晋南北朝也不例外。相对于拥有稳固的中央集权的两汉和隋朝来说，魏晋南北朝除在西晋时有过短暂的统一外，共经历了 20 多个错综混乱的政权，着实是个一直处于分裂割据的坏时代；然而与盛世时期相对统一的意识形态相比，它又是个闪烁着自由包容的人文主义和理性之光的好时代。

纵观中国历史，魏晋南北朝处于第二次民族融合的节点上。从东晋开始，汉人的政权囿于江南一带，江北由以五个少数民族（匈奴、羯、氐、羌、鲜卑）为主的政权分治，这也为日后分裂的南北政局奠定了民族统治格局。在经历了北魏孝文帝汉化改革后，北方的汉化程度达到前所未有的高度。至武定八年（550 年），六镇鲜卑化汉人高欢之子高洋代东魏称帝，建立北齐政权。这一鲜明的民族格局的变动，标志着鲜卑文化复盛和"胡化逆流"的来袭。然而对于国祚不足整个魏晋南北朝十分之一的北齐来说，不自觉的民族文化交融早已渗透到社会生活的各个领域，其中就包括校订儒家经典和朝代史书的校书行为。接下来，就让我们从一幅古画说起……

高齐校雠谁作图

北齐天保七年（556年），文宣帝高洋下诏"校定群书，供皇太子"，遂命樊逊、高乾和、马敬德等人校勘宫廷所藏典籍。在此次校阅工作中被委以重任的樊逊尽心尽职，他参考了历史上西汉中垒校尉刘向校书的方法，率领众文士将北齐境内公私所藏典籍收尽集齐，并借助多个存世版本互相比照，终得定稿。据《北齐书》载，"凡得别本三千余卷，五经诸史，殆无遗阙"。可见北齐樊逊等一众文士的校书行为，对于保留当朝古籍确有贡献。

现藏于美国波士顿美术博物馆的《北齐校书图》，为绢本设色，纵宽28.5厘米，横长731.2厘米，展现的正是北齐文士们校书的场景。现于卷首的是一位双手持卷的文吏，举止端凝，正认真检视手中的文稿。以此形象作为画卷的开端，也暗示了整幅画卷温雅和谐的基调。背坐在小吏身后的是一位身着浅绛胡服的文士，他坐于胡床之上，

接过对面文吏递来的文卷，一边审视，一边用笔勾注。围立在文士四周的侍女和小吏皆是毕恭毕敬。

展卷左移至画面的中心，四位校书者坐于矮榻之上，或凝神思考，或提笔批注。其中最有趣的一幕莫过于一位打着赤脚，结跏趺背坐于榻上的文士，看样子他刚抚过琴，正要提笔继续批阅，突然发现身边的大人正在穿鞋，意欲离榻，于是他便忙不迭地拽住穿鞋大人的衣带，对方也顺势一把拉住了抚琴文士的衣领。二人你来我往，对视嬉笑，宽大的袖袍还弄翻了榻上的果盏，可谓幽默横生。而对于静候床榻周围的侍女们来说，文士们如此不拘礼数的举止，似乎早已司空见惯。五位侍女分持杯盏、巾帕、隐囊、凭几、文房用具等物，静待差遣。

画面结尾处两匹高头骏马、三位奚官的出现，将画面的视觉空间由室内引向户外。回顾整个横卷，画中十九位人物各具情态，罗列其中的床榻、琴樽、果品、文房也为这组群像平添了诸多情趣。卷中的五位校书文士于静默、

《北齐校书图》　北齐　美国波士顿美术博物馆藏

嗟吁、颦笑中散发出的旷达之风最为动人。

在画卷之后的第一段跋中，"石湖居士"宋代文人范成大认为该画的作者可能是唐代画家阎立本。而后世学者认为，画卷中椭圆形的人物面庞，与北齐娄睿墓室壁画上的人物构图有相近之处。曾有学者指出，北齐娄睿墓壁画出自当时宫廷画家杨子华之手，两者画风相比照后，推测《北齐校书图》可能是北齐画师杨子华的宋代摹本。

北齐杨子华在世祖武成帝高湛在位时，担任皇帝侍卫官。他擅长描绘鞍马人物，据说有一次他在墙壁上画了一匹马，每到夜阑人静时便能听到类似马寻觅水草发出的声响。由于画技精湛，杨子华被世祖器重，让他进驻宫中专门为皇家服务。他的画风对后世影响很大，唐代画家阎立本赞誉他"自象人以来，曲尽其妙，简易标美，多不可减，少不可逾"。

纵情任性老天真

美国波士顿美术博物馆藏《北齐校书图》现于卷首的那位独坐胡床的文士，神情肃然，正执笔展卷逐字斟酌。他的发型很是独特，头上竟梳着两个小小的如同犄角的发髻，这与画中其他四位文士的梳髻扎巾，甚至与高洋所提倡的"散发胡服"都极为不同。再仔细看，文士头顶的"犄角"竟与周围侍女所梳的双螺髻形似，只不过文士的发髻在视觉上显得更加小巧可爱。

这种如孩童般的双髻造型并不是画家首创，现藏于南京博物院东晋晚期贵族墓葬出土的"竹林七贤与荣启期"画像砖上，刘伶、嵇康和王戎也梳着相似的双髻。可见男子梳双髻在东晋至南北朝时期的文人高士间颇为流行。

画中坐于榻上的文士身着南北朝流行的两种内衣：心衣、抱腰。心衣，就是遮掩前胸、包裹下腹的一种服饰。画中两位文士的心衣上有"背带"搭过双肩，与下裳相连，中间缀以带子缚在腰部。另外两位文士仅着围裹腰腹的抱腰，前胸后背皆无挡。四位文士皆露背，外披素纱禅衣，浪漫洒脱，尽显不拘礼法之魏晋风流。

此外，画中侍女前额的"刘海"造型也颇为特别，盘曲如水波纹的发式也许可以追溯到佛教东传之后，人们将佛造像前额卷曲的头发，作为一种带有宗教性质的发式，这是佛教传播到世俗生活之中的见证之一。仔细观察不难发现，画中侍女们的面额、鼻梁上均涂黄，这种被称为"额黄"的妆容，据说是女香客受佛像面庞沥粉贴金的启发，也将自己额上涂黄，以此作为一种时尚妆容。"额黄"妆流行于南北朝时期，后来也影响了唐宋女子的妆容。

《北齐校书图》为后世提供了一份北朝文人高士日常服饰风格图鉴。北齐承袭北魏鲜卑民族文化传统，呈现出胡汉融合的特点，也为后继的隋唐服饰文化发展开创了局面，起到了承上启下的作用。

观复猫 《北齐校书图》

钻入古画的观复猫

《北齐校书图》反映了北齐时宫中文士整理、校勘古文献的场景。观复猫钻进古画的部分正是原作中文士下榻校书的部分。其中意欲下榻的高士给画面带来一份难得的幽默感，这位诙谐的高士由小可爱程两两扮演。榻上手持毛笔正凝神思索的中心人物，也许正是士大夫樊逊，由安静的美男子杜拉拉出演，不知道拉拉手中文卷里是否有符合他脑海中"喵想国"的畅想。

观复猫

GUANFUMAOSHUOWENHUA

说文化

隐囊

兔子侍女抱着的物件叫作隐囊,明代的《遵生八笺·起居安乐笺》这样记载隐囊:"榻上置二墩,以布青白斗花为之。高一尺许,内以棉花装实,缝完,旁系二带以作提手。榻上睡起,以两肘倚墩小坐,似觉安逸,古之制也。"这段话解释得很清楚,隐囊就是一种软性靠垫,用来支肘倚靠,看着就很舒服呢。

凭几

凭几,又叫倚几,是一种古老的家具,在席地坐的起居方式中用来倚靠休息,与隐囊同属一类。只不过两者略有不同:凭几前倚,隐囊后靠;凭几硬质,隐囊软质。凭几形体较窄,高度与坐身侧靠或前伏相适应,在以席地坐为主的起居年代非常流行,多为长者、尊者所用。

汉白玉雕高足承盘

北齐　观复博物馆藏

参照考古发掘资料，高足盘始见于北朝时期，后流行于隋代。这件观复博物馆藏高足承盘的造型，与《北齐校书图》中被调皮的高士打翻的漆器承盘极为相似。不同的是，该承盘以汉白玉为材质，浅口外撇，盘心平坦光洁，下承八字外撇形高足，足部暗刻弦纹一圈。此承盘通体光洁润泽，保有一份石性天然拙朴之美。

选取汉白玉为材质雕刻杯盏器具，一方面是匠人对石质器皿工艺的探索，另一方面也体现了北齐先民对白釉瓷器的追仿与膜拜。

青釉高足盏托（对）

晋代　观复博物馆藏

盏托是古人为了防止持热茶杯烫到手，进而发明的一种放置茶盏的承托具。瓷质的盏托早至晋代就已经出现。伴随着茶文化的发展，盏托的形制在唐、宋时期也愈加丰富精彩。这对青釉高足盏托，器身流釉，釉色分布并不均匀，这是早期高古瓷烧造技术所致，但正是这些"缺陷"为它们平添了一份独特之美。

盏托除防烫外，在使用过程中将盏高高托起，还有恭敬呈送的满满仪式感。

白釉小杯

北齐　观复博物馆藏

如果说白是一切颜色的起点，那么烧造白釉瓷器就是工匠对于釉色最高的追求。白釉瓷器的烧造极其困难，对胎土和釉料都有提纯的要求，只有去掉釉料中的铁及杂质，才能使白色更加纯粹。北齐范粹墓出土的白瓷是早期白瓷的证据，但在后世眼中其颜色仍不算纯粹。直到隋唐时期，白釉瓷器的烧造技术才日臻纯熟。

观复博物馆藏的这只北齐白釉小杯，撇口、深腹、矮圈足。小杯通体施满釉，釉面呈现出不规则开片。试想北齐文人高士手握此杯，于山水间清谈畅饮、忘怀得失，也不失是对那段历史的缅怀。

捣练图

流水线上的大唐红颜

古画传奇

GUHUACHUANQI

捣练之源

隋唐时期，开放包容的社会环境让唐代画家不僵守古制，创作了大量反映世俗生活的作品，而"仕女"这一题材在此时期尤受画家们青睐。

不同于汉魏时期仕女缥缈羸弱的形象，唐代仕女多丰腴华贵，画中描绘的的生活场景也更为丰富多样、引人遐想。比如展现娱乐宴会场景的《宫乐图》、展现闲情雅致的《簪花仕女图》、展现骑马出行的《虢国夫人游春图》，以及展现劳作场景的《捣练图》等，都在向我们无声地诉说着那个大气、自由、开放、包容的时代。

唐代画仕女题材的画家，以张萱尤为闻名。他是唐代开元年间重要的宫廷画师，擅长亭台花鸟、仕女婴孩、宫苑鞍马等主题。《太平广记》中记载其"善起草，点簇位置。亭台竹树，花鸟仆使，皆极其态"。

由于宫廷画师的身份，张萱有机会接触很多宫廷女子，也因此创作了许多描绘宫廷女子生活、娱乐场景的作品。画中女子多以朱色晕染耳根，肌肤看上去洁白细腻，造型富丽而又典雅，彰显大唐盛世风格，可谓开创了唐代仕女画"曲眉丰颊，肌胜于骨"的创作风气。画史上关于张萱的作品记录有几十幅，其中就包括著名的《捣练图》。

捣练之妙

捣练，是古代制衣的一道重要工序。"练"字的本义是将生丝煮熟，使其柔软洁白，后来引申为"白色熟绢"之意。捣练，指捶打、漂洗煮过的熟白绢，使其质地变软，增加舒适程度，方便后续加工。

传世名画《捣练图》用画笔记录了这个制作过程。《捣练图》，绢本设色，长145厘米，宽37.1厘米，现收藏于美国波士顿美术博物馆。画中描绘了十二位正在劳作的女子，她们被分为三组，分别进行着捣练、缝纫、熨烫的工作。虽然在劳作，但这些女子并无劳累愁苦之色，反而神态悠然、衣饰讲究，描绘的应是宫中女子的日常。

《捣练图》 唐代 美国波士顿美术博物馆藏

画卷从右至左缓缓展开。第一组四名女子呈"十"字形构图，中间两人将木杵高高举起，正在用力地捶打木桶里的"练"。旁边一人挽着衣袖，倚着木杵稍做休息，另一人半举木杵，做好轮换准备。

第二组是两名相对而坐的女子：一个坐在绿色地毯上，正在整理丝线，另一个坐在高凳上进行缝纫。这里有个有趣的细节：坐于凳上的女子面对观者，神态平静，她一腿蜷起置于凳上，一腿垂下踩在地毯上。这个姿势称不上端庄，但恰恰反映出这名女子对环境非常熟悉，她是在一种极为放松的状态下工作，因此用了让自己更加舒适的坐姿。

接着出现的第三组人物也呈"十"字形构图：左右两人身体微微后倾，用力扯平长绢；一名女子站在中间，一手扯绢，一手持熨斗熨烫，对面的一名女子配合着扯平绢面。后方有一名女子执扇扇火，准备熨斗中所需的炭火，因为畏热而将头扭转到了一旁。画家有意打破所有人站在同一平行线上的布局，还特意安排了一名活泼又顽皮的女

童在绢布下嬉戏玩耍，颇具趣味。

通览全图，画家对布局的独特安排，对服饰器具的细致表现，对人物动作神情的传神描写都令人感叹。

捣练之跋

在《捣练图》的卷首有题跋"宋徽宗摹张萱捣练图真迹"，以及金章宗用瘦金体题书"天水摹张萱捣练图"，这些都表明这幅画有可能是宋徽宗临摹张萱的画作，金章宗曾为这幅画的收藏者之一，故而在上面题书。

金章宗完颜璟是金朝的第六位皇帝，金世宗完颜雍之孙，金显宗（追谥）完颜允恭之子，天资聪慧，从小就备受关注。在金代所有皇帝中金章宗的汉化程度最高，元人燕南芝庵将其与历史上的唐玄宗、后唐庄宗、南唐后主、宋徽宗并称为"帝王知音者五人"。金章宗喜爱书法绘画，又知音律，善属文，非常有才华。金章宗因偏好宋徽宗所创的瘦金体，所以书法专学徽宗，笔迹酷似。

靖康之变，金兵掳走了徽、钦二帝和大量文集舆图。宋徽宗被金人掳走后，度过了悲惨的后半生并死于金国。在其去世六年后，金朝与南宋关系暂时缓和，金熙宗封徽宗和钦宗二人为"天水郡王"和"天水郡公"。《宋史》中记载："天水，国之姓望也。"赵氏郡望——天水，即为金人的分封依据。金章宗所书的"天水"，即代指北宋皇帝徽宗赵佶。

徽宗在位时曾设翰林图画院，有大量专职画家在宫廷中任职，他们根据徽宗的旨意，或创作或摹写一些作品，徽宗有时会在满意的作品上题书或落款。因此《捣练图》在基本沿袭唐代人物画特点的同时，又兼受宋朝风格的影响，标志着徽宗时期宫廷审美的某种取向。

捣练之"恋"

以今人的经验视角来看，这幅画描绘的只是唐代宫人劳作时的一个场景，但密歇根大学安娜堡分校学者魏嘉丽在论文《徽宗的新衣——〈捣练图〉中的欲望与寓意》中提出了一个非常有意思的观点，她将画作与爱情主题的诗词联系在一起。

"碧玉捣衣砧，七宝金莲杵。高举徐徐下，轻捣只为汝。"自汉代乐府诗时期，"捣衣"这一意象就被赋予了相思、爱慕等诸多情感。唐代诗人王昌龄写《长信秋词》："长信宫中秋月明，昭阳殿下捣衣声。白露堂中细草迹，红罗帐里不胜情。"女子对月捣练的经典情景常常设定在一个秋夜，女子孤身一人想念与其分别已久的爱人。

画作《捣练图》刚好暗含了这一主题，"练"与"恋"同音，作为一群生活在宫廷中的女子，她们极有可能正在为君主赶制新衣。作者通过描绘捣练、理线、缝纫和熨烫的行为，来表达贤良淑德的宫廷女性对君主或意中人的思念。同时古代文学作品中有以女性角色口吻来表达臣子对君主忠心的例子，因此《捣练图》也可能微妙地暗示了臣子对君主的忠诚。

观复猫 《捣练图》

钻入古画的观复猫

观复猫黄枪枪钻进了《捣练图》的最后一节，手执熨斗熨烫绢布，演绎唐代美女的精致日常。平时就一派雍容华贵的黄枪枪太适合这个角色了，她头戴观复博物馆所藏唐代花卉纹玉梳，展示着富丽堂皇的大唐之风。

原画中两端持绢的仕女微向后倾的细节，被钻进古画的两位猫姐姐敏锐地捕捉到了，喵星人就是戏足。后方华丽的描金炭盆中准备着熨斗要用的红炭，一名黑猫侍女右手执扇扇火，左手掩面侧脸躲避炭火的热气，"说出来你们不信，我原来是只白猫"。

画面中的顽皮女童变身可爱的小刺猬，在猫姐姐们的脚下玩耍。小刺猬看到有意思的地方，好奇地站定，前爪垂在胸前仰头看绢——和喵星人配合得不错呦！

观复猫

GUANFUMAOSHUOWENHUA

说文化

花钿

　　花钿，又称花胜、花子，是古代女子的一种面部装饰物。将剪成的花样贴于额前，使用简便，效果极佳。至于花钿的起源，传说是南朝寿阳公主卧含章殿下，梅花飘落额头，拂之不去，宫人们见其惊艳，遂模仿而创出这一化妆方法。

　　唐代花钿的材质、形状、颜色丰富多彩，不拘一格。花钿可见红、蓝、黄、黑等色，以红色最多。花钿可以直接在双眉间描画，也可以利用其他材料，如金箔、纸、鱼骨、翠羽、云母等，剪成各种形状贴于额前。

青铜长柄熨斗

唐代　观复博物馆藏

熨斗也称火斗、金斗，为熨烫衣料的用具。《说文解字注》载："从上案下也。从尸，又（手）持火，以尉申缯也。"这意思是说熨就是从上往下按压，利用火的热度将布帛烫平。熨斗之"斗"就是一个形象，空心如斗状，中间置红炭，利用金属导热将平底加热，用来熨平衣服。

在唐朝诗歌中熨斗没少被提及，白居易的"广裁衫袖长制裙，金斗熨波刀剪纹"描述优美得体。观复猫黄枪枪使用的这件熨斗为青铜质地，长柄无盖，口沿装饰弦纹，形貌古朴。

白玉雕花卉纹梳

唐代　观复博物馆藏

梳子本为理发用具，盛唐时形成了插梳为饰的风气。起初以梳子为饰品只是在髻前单插一梳，梳背的纹饰也比较简单，后来逐渐演化出在两鬓上部或髻后增插几把的装饰方法。晚唐则以两把梳子为一组，上下相对而插，有的在髻前及其两侧共插三组。王建《宫词》曰："玉蝉金雀三层插，翠髻高丛绿鬓虚。舞处春风吹落地，归来别赐一头梳。"这描写的就是头上插着许多钗梳的宫女。

黄枪枪头上佩戴的这件梳子为白玉所制，上雕花卉图案，通体扁平，大致呈梯形。将这件白玉梳插在头发上，既可绾发又可用作装饰，美观实用。

火盆与火箸

火盆，是盛炭火的盆，最早用泥制成，后发展为金属材质。《捣练图》中的火盆似以铁铸成，局部鎏金，花纹精美，凸显华贵。火盆口沿外撇，盆身两侧有提手，最下一层底座中空，边缘有如意头镂空，用来通风助燃。

《捣练图》的火盆中还斜插着一副鎏金带链的火箸。火箸，形如筷子，所以有个通俗的名字叫火筷子。火箸与火盆、暖炉等搭配使用，用来拨火夹炭。《红楼梦》第六回有载："那凤姐……手内拿着小铜火箸儿拨手炉内的灰。"火箸通常很长，这是为了让人与炭火保持距离，以防烫伤。讲究的火箸会在顶端以链条相连，不让两根失散，这种形式同样见于餐具筷子。

宫乐图

情感与理智的平衡之美

古画
GUHUACHUANQI
传奇

从玄妙转向本真

中国绘画史中的女性形象，较早可追溯至东周晚期的墓葬绘画。在湖南长沙陈家大山楚墓出土的一块绢帛上，以墨绘有侧身而立的女子形象。这块等同于铭旌的帛画中的女子，作为逝者与上苍的媒介，以祈祷的姿态，引导墓主人的魂魄随腾龙飞凤升天成仙。同样，出土于湖南长沙马王堆一号汉墓的一块"T"形帛画上，其重要位置绘有老妇人率众侍女欲翩然飞升的形象，画中的老妇人代表的正是墓主人。此外，在早期的墓葬绘画中，有些还伴有女娲、西王母等女性神祇形象。可见早期绘画中的女性形象，都直接或间接地依附于"引魂升仙"的玄妙题材，作为一种强烈的情感寄托而存在。

受儒家思想影响，东汉的女性绘画表现出列女图像的普及。被儒家伦理称颂的女性典范，在魏晋南北朝时期得到了进一步的弘扬，被誉为"象人之美得其神"的顾恺之，以女性为题材创作了《女史箴图》《列女仁智图》。山西大同北魏司马金龙墓出土的漆画屏风上所涉及的女性形象也多出自列女故事。

东周至魏晋南北朝时期的女性形象，要么是在情感和信仰的驱使下产生的，要么是被当时政治话语权裹挟着的典范，生发自女性自身的美被忽略不计。

唐代结束了自魏晋南北朝以来长达398年的动荡政局，中外文化交流空前繁盛，人们思想开放自由。自唐代起，绘画中的女性形象开始脱离特定的叙事窠臼和伦理教喻，她们的容貌、神态、服饰和客观行为成为绘画主旨，体现创作者自由意志与理性平衡的女性形象开始出现。

就如《宫乐图》中的这一群美丽动人、风姿绰约的女子，她们身处乐曲声中，涌动着青春的热情与想象，甚至还有一丝若有若无的感伤。画面透露出真实的描述，不偏颇、不刻板，这种纪实性的场景叙述，让女性回归到本真。画中女子的容貌、神态、服饰和客观行为成为画家所要表现的核心主旨，这种情感与理智的平衡之美是和以往历史上以女性为题材的绘画最为不同的地方。

理想的女性形象

现藏于台北故宫博物院的无款、绢本设色的《宫乐图》，纵长 48.7 厘米，横宽 69.5 厘米，传为唐代佚名作品。画中描绘了十二位唐代宫廷女子演乐品茗的场面。十位丽人美服高髻正围坐在一张长方形壶门大案周围，另有两名侍女立于左侧，一人奏乐，一人侍茶。画面上方与观者相对的四位丽人手执乐器，与旁侧侍女共同演奏雅乐。其余丽人姿态各异，有的正用长柄勺从侈口大茶鍑中舀取茶汤，有的托盏独饮，有的执扇恭听，更有斜倚案边者摆弄手中的杯盏，若有所思。

画中十位列坐女子皆是方额广颐，面短而艳，长眉凤眼，高鼻小口，并在额头、鼻子、下颌处敷白粉，以胭脂、花钿、面靥、点唇饰桃花妆容。女子们将头发蓬松梳起，于头侧高绾起发髻，或簪花，或戴冠，或插梳，力求装饰华美。她们穿着杏黄、朱红、石绿的帔帛与襦裙，妥帖叠搭，散发着一丝丝精致与闲适。

《宫乐图》中的女性皆是体态丰满、圆脸阔腮的唐代美人相貌，这不由让人联想到唐代著名的以丰肌秀骨著称的女性形象——杨玉环。唐天宝年间（742—756 年），长安城上流社会的女性流行风尚被唐玄宗的宠妃杨玉环影响着。作为唐代乃至中国历史上著名的女性形象之一，她的体态、衣着、妆容都被盛唐时期的女子争相效仿，她也成为唐代理想女性的形象代表。与其说一个个体影响了整个时代，不如说是唐代这一时代对于女性的审美更加趋向多元，使得女性拥有了自己的风格。

《宫乐图》 唐代 台北故宫博物院藏

乐声悠悠醉人心

《宫乐图》中这群美服高髻的女子顾盼生姿，举手投足间都散发着女性之美。其中有五位奏乐女子尤其引人注目，她们手中各执乐器，画面从左至右分别为檀板、笙、筝、琵琶和筚篥。

画面左后方站立的侍女，手持檀板。檀板也叫拍板，是魏晋时出现、盛行于唐代的一种打击乐器。檀板由6片或9片木板组成，演奏时两手分持最外侧两板，向中间板片合击而发出声音。

侍女右侧的女子双手捧笙吹奏。笙是由笙斗、笙管和簧片等组成的簧管乐器。笙斗最早由匏器（葫芦器）制成，上开圆孔，插入竹质笙管，笙管上端开音窗，下端开按孔，最下端插簧片。演奏时，依靠吹吸笙斗，振动簧片，手指控制按孔而发音。笙是春秋战国时期最重要的吹奏乐器之一。

筝是一种拨弦乐器，音质清亮，战国时期在秦地非常流行，因此又称"秦筝"，《礼·乐记》中记载为蒙恬所创。筝一般为长箱形，木质髹漆，面板设弦，但弦数多少历代都有所不同，少则十二弦，多则二十五弦。

琵琶是汉代由波斯、阿拉伯地区传入中国的一种弹拨乐器。南北朝时又有使用拨子弹奏的四弦、半梨形曲项琵琶传入。自唐宋以来，曲项琵琶不断汉化，弹奏方式也由横抱改为竖抱，由拨片改用手指弹奏，最终演化成今天的琵琶。

最右侧的女子手拿一支管状乐器竖吹，猛一看这种乐器像缩小了的箫，实际上它叫筚篥。筚篥是源于西域龟兹（今新疆库车一带），六朝时传入的簧管乐器。筚篥是以芦茎为簧，以竹管为吹管的竖笛。筚篥的音色悠扬明快，是隋唐燕乐、唐宋教坊音乐的重要乐器。

五位奏乐女子表情认真投入，仿佛沉浸在合奏的乐趣中。画面虽静止，但能让人想象她们随乐曲旋律而轻轻摆动的身躯；画面虽无声，但让人不禁畅想这首唐代乐曲之美。

观复猫 《宫乐图》

钻入古画的观复猫

为了感受唐代宫闱丽人的生活，观复猫派出超强阵容，集结了13位猫姑娘，一起钻进《宫乐图》赏乐聚会。

观复猫们身着华美衣裳围坐在方桌四周，席间有簪花执扇的苏格格，长发飘飘的庄太极，安静站立的令狐花，侧身与麻条条交谈的黄小仙。方桌正中摆放了一个硕大的金盆，盛满美味羹汤。美食家蓝毛毛手持银匙从盆中舀取羹汤，麻条条和韩昏晓、牛魔王正捧着碗细细品尝，看来味道好极了。

端坐在右上方的李对称吹奏筚篥，身旁的黄枪枪弹拨琵琶，云朵朵调筝，谢鸳鸯弄笙，伶俐可爱的苏二花站在后面，手里打着檀板，控制着整个乐队的节奏。五位姑娘合奏一曲，一时间琵琶弹起，筚篥吹响，檀板紧敲，丝竹管弦之声好像要从画中传扬出来。观复猫笑语飞扬，其乐融融，好不热闹。

观复猫

GUANFUMAOSHUOWENHUA

说文化

邢窑白釉"盈"字碗
唐代　观复博物馆藏

位于今天河北省邢台市内丘县的邢窑，是唐代烧造白釉瓷器首屈一指的窑口。唐代李肇所著《唐国史补》中就有这样的记载："内丘白瓷瓯，端溪紫石砚，天下无贵贱通用之。"意思是说，邢窑的白瓷和广东肇庆的端砚都是当时非常畅销的商品，无论有钱还是没钱，人们都在使用，可见当时的产量非常高。

观复博物馆藏邢窑白釉碗，底部刻有一个"盈"字。"盈"指唐玄宗李隆基的私库——"百宝大盈库"，大盈库内藏珍宝无数，为皇帝日常赏赉之用，因此这种刻有"盈"字款的邢窑白釉是御用瓷器。此碗造型端庄规整，腹壁微微斜出，口部收敛，腹底饱满带有弧度，浅圈足。碗周身光洁莹润，素面无纹的装饰恰好是它最美的模样。

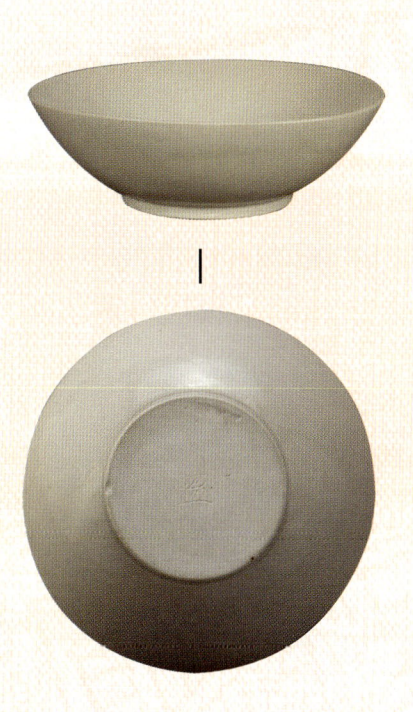

鲁山窑花斑盏
唐代　观复博物馆藏

鲁山窑的窑址在今天河南省鲁山县段店，唐代以生产花瓷闻名于世。鲁山花瓷常常以黑色或褐色做底釉，在上面装饰月白色斑块，或者以月白釉为地，在上面饰以蓝色斑块。

观复博物馆藏鲁山窑花斑盏，从边沿以月白色底釉与蓝斑面釉相互熔融、垂流至盏心。俯视犹如疾风骤雨中的颗颗砾石，侧看又似烟云萦绕的泼墨山水。盏中斑色诗意缥缈，带给观者无尽遐想。

朱红漆彩绘涡纹耳杯（对）
西汉　观复博物馆藏

耳杯，顾名思义是长有两个"耳朵"的杯子。这里的"杯"，形状更像是椭圆形的碗，杯中可以盛装美酒，人们双手执"耳"开怀畅饮。双手执杯的这一举动符合古人的行为礼仪。

这对观复博物馆所藏漆耳杯，内饰朱砂红漆，外饰棕漆，双耳及口沿外一周以朱漆、绿漆画有几何纹、涡纹，纹饰充满神秘感。

银鎏金锤錾狮纹四瓣花型盘（对）
辽代　观复博物馆藏

受隋唐文化影响，辽代器物上的狮形纹饰基本沿袭了唐代狮子雄浑威武的形象。观复博物馆藏辽代四瓣花型方盘，盘缘錾刻卷草纹，盘心锤錾出一头雄狮，鎏金雄狮张目龇牙呈回首状，金黄色的鬃毛随风摇曳，一副威猛凛然之姿。

中国本土并不产狮子，狮子最早于汉代自西域进贡而来。又因为狮子在佛教中备受推崇，所以成为古人眼中的神灵瑞兽，这也为狮子在中国文化中的发展奠定了基础。

鸭头錾花银勺
唐代　观复博物馆藏

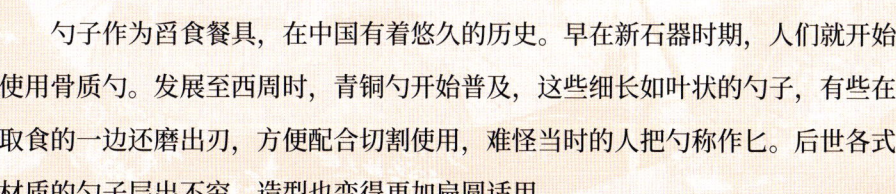

勺子作为舀食餐具，在中国有着悠久的历史。早在新石器时期，人们就开始使用骨质勺。发展至西周时，青铜勺开始普及，这些细长如叶状的勺子，有些在取食的一边还磨出刃，方便配合切割使用，难怪当时的人把勺称作匕。后世各式材质的勺子层出不穷，造型也变得更加扁圆适用。

隋唐时期银质勺在贵族阶层广为流行。这把观复博物馆藏银勺就是其中精美一例。长柄勺的柄端为一个鸭头，长柄和勺底部錾刻出珍珠地连枝花卉纹，勺面锤出宛如叶片纹脉的弧线，精美绝伦。

重屏会棋图

人在棋局不觉迷

古画
GUHUACHUANQI
传奇

画中屏

屏风是中国最古老的家具之一,周朝就有,功用颇多。首先,屏风在古代可以象征权力,紫禁城太和殿里皇帝的龙椅后面就竖着一架屏风,吻合《礼记》中的记载:"天子当依而立。"这里的"依",指的就是屏风。

屏风另外一个主要功能是分隔空间——将一个大空间分隔为几个小的私密空间。因为它具备遮挡的作用,所以也可以用来挡风。在席地起居的年代,房屋不如今天这么密封,将睡卧之处三面挡上屏风,能够避免着凉受风。这种三面挡上屏风的习惯,演化出后来的经典传统家具:罗汉床。

最后,屏风还承担着装饰功能。作为家具的屏风根据形制和用法不同,可分为地屏、折屏、桌屏、挂屏、砚屏、枕屏等,大小不一,装饰手法不一。屏风的装饰效果主要体现在屏芯上,书法绘画、玉石瓷板、螺钿百宝、雕漆玻璃等十分丰富的装饰手法,令屏风成为承担装饰功能的重要家具,频频出现于文学艺术作品中。

《重屏会棋图》,故宫博物院藏,绢本设色,纵40.3厘米,横70.5厘米。画面前景四名男性围坐一圈,下棋观弈,旁边还有一童子相侍。其中一男子头戴黑色高帽,面垂长髯,手执小册,截然不同的装束彰显了他与众不同的身份。画面后景则是一件地屏,屏风上画着一幅居家场景:同样是一位面垂长髯的男子,正斜倚在榻上,周围有四名女子服侍。有趣的是,这件屏风上画出的背景依然是一件山水纹三折屏风,形成了画名"重屏"的意象。

关于这幅画的记载很多,最早可见于《宣和画谱》。原画为五代南唐画家周文矩所作,虽然佚失,但后世流传的摹本却很多,一些摹本上还有题跋记录着相关信息。其中,故宫博物院、美国弗利尔美术馆所藏的《重屏会棋图》都十分有名。本书选取故宫博物院藏品,应系宋人摹本。

棋中迷

《重屏会棋图》中四人围坐，两人对弈，两人围观，一名侍童在旁侍立。围坐四人的身份成为关注的焦点——他们到底是画家虚构，还是历史上真实存在的人物呢？

南宋初年，王明清在《挥麈三录》中通过对比家藏李璟肖像画，认为画面正中观棋的高帽之人为李煜的皇父李璟。元代袁桷《清容居士集》和陆友仁《研北杂志》则考证出其他三人均为李璟的兄弟。最后，清代吴荣光将李璟兄弟的姓名和位置一一对应："图中一人南面挟册正坐者，即南唐李中主像。一人并榻坐，稍偏左向者，太弟晋王景遂。二人别榻隅坐对弈者，齐王景达，江王景逿。"

按前人推测，《重屏会棋图》是南唐画家周文矩对宫廷现实生活场景的描绘：南唐中主李璟头戴高帽，于正面端坐，三弟李景遂与他同榻而坐，两人观棋；四弟齐王李景达、五弟江王李景逿正在对弈。画中对四个人物的描绘极为精细，衣纹处使用"颤笔描"。颤笔描也称"战笔描"，指的是一边颤动，一边行笔的技法。

这个场景中的兄弟四人坐姿随意，其乐融融，就像寻常人家聚会一般。但是，宫廷中从不存在简单关系。仔细看画中棋盘，会发现棋盘为 19 道，但整个棋盘却只有黑子，没有白子。七粒棋子呈现北斗七星状，正对坐在长榻上的高帽男子，一粒黑子站桩似是北极星。这是在现实中根本不会存在的棋面，充满隐喻，看似其乐融融，实则风起云涌。

南唐烈祖李昪有五个儿子，除了嫡长子李璟，还有李景迁、李景遂、李景达、李景逿几个儿子。李璟好读书、多才艺，曾写下过"小楼吹彻玉笙寒"这样流芳千古的名句。但李璟政治头脑不行，李昪更偏爱景迁，可惜景迁 19 岁早夭，继位之争于是集中在了李璟和李景遂之间。公元 943 年李昪去世，李璟即位，李景遂势力仍不容小觑。不知是为了稳定局面，还是因为李昪临终之前的嘱托，李璟与景遂、景达兄弟约定"兄终弟及"，并于公元 947 年正式立景遂为皇太弟，

《重屏会棋图》 五代 故宫博物院藏

076

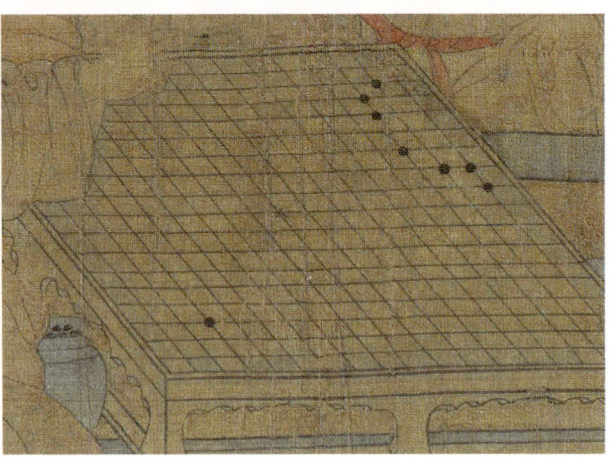

观复猫

GUANFU CATS

中国古画有玄机（第二辑）

中信出版集团
CITIC Press Group

非卖品

昭告天下。

《重屏会棋图》就是出现于这样的背景下。棋子呈北斗七星状指向李璟，仿佛隐喻他至高无上的地位。画中几人的视线都不在棋盘上，李璟和其他两个兄弟都看向李景达，有学者认为这也是"兄终弟及"的体现，意为李景达为李景遂之后的继位者。

然而历史并没有按照这幅温情和睦的画作发展。随着时间的流逝，李璟的长子李弘冀渐渐地树立起威信。李弘冀身边的人经常在李璟面前陈情，要立李弘冀为太子。李景遂迫于压力放弃储位，却还是没有避免被李弘冀毒杀。

李弘冀虽被立为太子，但因毒杀叔父而被废除。公元961年李璟去世，李煜即位，此时的南唐已经江河日下。公元975年，北宋军队攻占金陵，李煜被俘，南唐灭亡。回首再看兄弟叔侄间围绕皇位的明争暗斗，不免令人唏嘘。

屏之幻

《重屏会棋图》除传神地刻画人物以外，对室内环境的描绘也一丝不苟，兄弟四人坐的两个矮榻、榻后的屏风、旁边的壶门长几，以及在榻几之上摆放着的围棋、投壶、箱箧等用品，均体现了五代时期的生活场景。其中，画名点出了"重屏"这个关键词，就让我们再仔细看看这画中的屏风。

中国古代绘画中，画家要表现一幅画的空间布局时，常以横向的二维方式展开，很少采用纵向的三维方式。但在《重屏会棋图》中，屏中有屏的画面布局，令观者看到了层层递进的空间，从视觉上拉长了画面的纵深感，这在当时是一种极为独特而超前的构图方式。

画面中的单扇地屏成了一道空间之门，假如地屏前的李璟兄弟是现实场景，地屏上则是画家幻化出的另一时空。穿过这道空间之门，我们能看到另一个空间的景象：山水纹三折屏风依然作为背景，前方设两件并排摆放的矮榻。外侧的矮榻上摆着一个精致火盆，隐约可见红色炭火。男主人正惬意地半坐榻上，支起手臂倚靠榻边栏杆。男子前方条案上摆放着壶、盏、书卷等物。一位戴冠女子站立一旁，似为女主人。另有三名侍女正在搬取被褥，铺设在内侧的矮榻之上。

这个画面描绘的是唐代诗人白居易的《偶眠》中的场景："放杯书案上，枕臂火炉前。老爱寻思事，慵多取次眠。妻教卸乌帽，婢与展青毡。便是屏风样，何劳画古贤。"时光穿梭，五代画家周文矩将唐代诗人白居易舒适自得的生活场景再现笔下。

屏风内外的两重画面，貌似都描绘了一种温和轻松的生活，但实际上李璟兄弟间暗流涌动，对比白居易的逍遥之乐，到底何为现实，何为虚幻，其中深意令人浮想联翩。

观复猫《重屏会棋图》

钻入古画的观复猫

　　观复猫下棋你们见过吗？金胖胖、蓝毛毛和花荣荣都来啦，他们坐在一起对弈观棋，看上去其乐融融。年龄最长的金胖胖同学头戴高帽，面容威严，扮演的是南唐中主李璟。旁边的蓝毛毛、花荣荣以及配角小猫，分别扮演的就是他的三个弟弟李景达和李景逿、李景遂。

　　蓝毛毛和花荣荣对坐矮榻之上，执子对弈。棋盘部分复原了原画中的19道棋盘，一粒黑子站桩，另外七粒呈北斗七星状，紧张的气氛不由自主地就营造出来了。现实中几位喵演员还会像从前一样相亲相爱吗？那是当然啦！

观复猫

GUANFUMAOSHUOWENHUA

说文化

围棋

　　围棋是我国传统棋种，古称为"弈"，两人下棋为"对弈"。围棋在春秋战国时已有记载，隋唐时期传入日本，进而流传至欧美各国。围棋棋盘上纵横交错各19道，形成361个交叉点。两人对弈，一方执白子，一方执黑子，交替行棋，以占据位数多者为胜。

　　下围棋时讲究礼仪，落子无悔，且要求下棋者全神贯注，考虑全局。一盘棋局千变万化，一着不慎，满盘皆输，亦可置之死地而后生。长期下棋可以锻炼人的意志力、观察力、判断力，于是围棋渐渐脱离了游戏的范畴，成为古人极为重视的一项技艺。围棋作为"琴棋书画"中的一项，代表着高超的文化素养。

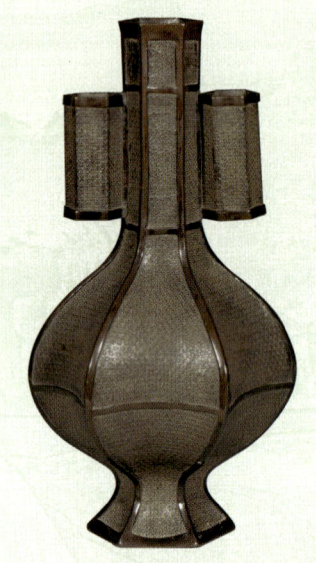

青铜蒲纹双耳投壶

明早期　观复博物馆藏

投壶是一项有着悠久历史的游戏,最早起源于六艺中的"射"。在"礼乐射御书数"为君子必修课的年代,成年男子要是不会射箭就会很丢面子。但是能全面发展的人毕竟还是少数,于是这一技能就逐渐变成把箭矢投进酒壶,门槛比射箭低。秦汉以后投壶就成为一种宴客的文雅娱乐,就算是国君之间的宴饮,也可以玩投壶游戏尽兴。

左侧这件投壶呈六棱形,带有镂空双耳,箭矢也可以投入双耳中。箭投入壶口或是壶耳,有不同的说法和得分。壶身上布满线条相互交织的纹饰,这种纹饰如蒲席一般,被称为蒲纹。蒲纹早期多用于装饰玉器,装饰效果古朴高雅。

朱雀海棠形银盖盒

五代　观复博物馆藏

唐代是中国古代金银器制作和使用的"繁荣期",金银器不仅数量大,而且种类繁多,工艺精细。其装饰图案主要分几何形与写生形两大类,前者多装饰器物边缘,后者多为装饰主题。

五代时期的金银器沿袭了唐代的精致,如观复博物馆的这件银盖盒,银质有氧化,盒身呈海棠形,盒盖上以朱雀图案进行装饰。朱雀是"四神"中的南方之神,朱为赤色,像火,南方属火,所以叫朱雀。盒盖上的朱雀线条优美,富有力量和动感。

耀州窑青釉狮形灯

五代　观复博物馆藏

东汉时期，青瓷灯出现，逐渐取代了青铜灯具。瓷灯的器型一般是由承盘、承柱、油盏三个部分组成的。这件耀州窑青釉灯的承柱被塑造成了生动形象的狮子。狮子呈卧姿，圆睁双眼，张嘴露齿，尾巴上卷，呆萌可爱。

狮子并非中原本土的动物，古时由西域国家进贡而来。在古人心中，狮子是一种瑞兽，可以驱邪纳吉，祈求平安，彰显尊贵。因此，狮子纹被视作一种吉祥纹样备受推崇，广泛用于各类艺术品。

绣栊晓镜图

寂寞空庭春欲晚

古画
GUHUACHUANQI
传奇

镜中朱颜淡淡愁

铜镜，常常作为一种具有特殊意象的道具出现在中国古代绘画中。许多仕女画里的铜镜不仅是梳妆用具，更是表现画中女子真实情感的重要媒介。通过铜镜的反射作用，镜面所映射的画面往往构成整幅画作的焦点，传递画家最想要表达的内容，同时也更容易引起观者的注意。

比如东汉武梁祠画像石"梁寡高行"中出现的铜镜，是现知最早出现在画面中的铜镜——高行因不愿再嫁梁王，竟意欲对镜割掉自己的鼻子。东晋顾恺之所作的《女史箴图》中，两女对镜梳妆，镜面反射出右侧女子的面容，这初步体现了铜镜在绘画中的作用。还有唐代周昉的《挥扇仕女图》、五代周文矩的《宫中图》、明代仇英的《贵妃晓妆图》、清代陈枚的《月曼清游图》等，历代画作中都不乏铜镜的出现。铜镜改变了画作的单一视角，成为表现人物内心的重要媒介。

台北故宫博物院藏《绣栊晓镜图》，传为宋代王诜画作，绢本设色团扇，纵24.2厘米，横25厘米。画面环境处于一处开阔的庭院，秀木花枝环绕，树下设锦障，壸门矮榻上放置着一座山水纹枕屏。左边的两名女子衣着精致，可能为主仆关系，其中侍女手持妆盒，二人正在挑选盒内物品。画面正中是一位看上去身份高贵的女子，正站在一张精致的桌子前面，与左边的二人带有疏离之感。桌面零散放着化妆用的盒具，中间有一件双层镜架，一面菱花形铜镜放置其上。镜架右侧放着一个多层漆奁，里面应该存放了许多化妆用品。左侧两女手中的妆盒，正是漆奁的其中一层。女子妆容已毕，正在铜镜前独自欣赏，铜镜里倒映出女子的正脸，温柔秀美却略带一丝愁绪。

后世将《绣栊晓镜图》制作成册页形式保存，配有两段钤"嘉庆"印的题跋："困人天气晓妆慵，斜倚屏风倦整容。镜影晨开辉绣榻，香紫碧树荫重重。""不遣丹青彩笔慵，自然风韵写丰容。镜奁月幌清如水，寂寂闲庭花影重。"

缺失的"意中人"

在这幅画中，作为主人公的仕女形象以侧身姿势出现，关键的面部表情则是由铜镜虚幻映出，铜镜形成了画中画的效果，具有过滤与聚焦的作用，无论是仕女本身，还是观者的注意力，都被镜面吸引。女子对镜而视，欣赏着自己的容颜，说明镜中的形象一定程度上代表了女子理想中的完美形象。

仔细观察女主人公，她非常安静地侧身而立，微微低着头，双手合拢于前，这个动作代表她无事可做或者无心做事。她的身体语言和面部表情都传递出一丝丝惆怅落寞之意，与左侧欢快挑选化妆用品的二女形成鲜明对比。

优美的庭院环境和精致的家具陈设，表明这名仕女的生活十分富足。锦绣堆里的仕女为何会如此惆怅呢？也许正是因为理想中的完美形象缺少了意中人的欣赏。"寂寂闲庭花影重"，镜子成了寂寞的象征，映出无人欣赏的面容。

意中人的缺失使得女子只能顾影自怜，空耗青春。然而画面环境位于开阔的室外，并非狭隘封闭的室内，庭院四周植被茂盛、花枝摇曳，又仿佛暗示她并非只能在镜前空耗光阴。

中国古代的文人墨客向来有通过女性视角来陈述身世遭遇、抒发内心情感的传统，文学史上流传的大量闺怨诗就是这一现象的有力证明。《离骚》中有"惟草木之零落兮，恐美人之迟暮"，是屈原通过诗文慨叹自己像迟暮美人一般，不被楚怀王欣赏。李白在《妾薄命》中也写过"君情与妾意，各自东西流。昔日芙蓉花，今成断根草"这样的句子，表达对谗臣当道、国家衰落的惋惜。

如果从这一角度来看《绣栊晓镜图》，那么它就不再是单纯的仕女画，而是画家王诜某种思绪的体现。这幅画并非一般样式，而是团扇形制。团扇可日常握在手中，具有更多被他人欣赏的可能性。画家很可能同样渴望欣赏自己的"意中人"出现，借此表达希望有人能与自己产生共鸣，从而获得慰藉。

驸马都尉王诜

王诜，是北宋开国将军王全斌之后，娶了宋英宗的女儿、宋神宗的妹妹蜀国长公主，官拜左卫将军、驸马都尉。他

《绣栊晓镜图》 宋代 台北故宫博物院藏

092

才华出众，能文善诗，书画皆精。按说以这样的身份和才情，他完全可以春风得意地过一生，但王诜的人生和仕途却不是那么顺遂。

宋代对外戚多持限制的态度，王诜成为驸马后，就要谨慎行事，接受朝廷的监察。才华横溢的王诜与当时的文化精英们相交，苏轼、米芾、黄庭坚等人都是他的座上宾，情谊深厚。元丰二年（1079年）苏轼"乌台诗案"发生时，王诜曾冒着巨大的风险通过苏辙向苏轼通风报信，因此受到牵连，"驸马都尉王诜追两官，勒停，以诜交结苏轼及携妾出城与轼宴饮也"，次年王诜被降职，流放均州。再加上王诜生活中放荡不羁，没有处理好家中妻妾关系，在妻子蜀国长公主薨逝后，其"渣男"行径惹怒了宋神宗，被再次贬谪，仕途灰暗无望。

在王诜的一些诗词中，我们可以窥见他的心境："海棠开后月明前，纵有千金无买处""尊前谁为唱阳关，离恨天涯远""坐到黄昏人悄悄。更应添得朱颜老""新路陌，旧江干。崎岖谁叹客程难""月下风前空怅望，思携手同摘"，王诜内心深处的孤单寂寞和有志难酬暴露无遗。

我们可以猜测，他在《绣栊晓镜图》中描绘对镜自怜的仕女，不仅是为了表现仕女梳妆的场景，更想表达画中仕女对"意中人"的期待。换言之，仕女孤独落寞的状态就是画家心理状态的写照，他有意无意地流露出自身怀才不遇的苦闷，渴望自己的"意中人"出现，渴望自己的才华与能力被重新赏识。

作画人，一不小心便成了画中人。

观复猫 《绣栊晓镜图》

钻入古画的观复猫

观复猫要来演绎古代贵族小姐姐们华丽却无聊的生活了，选谁来当主角合适呢？

小轩窗，正梳妆，就请我们仙气飘飘的黄小仙来演绎这名对镜梳妆、顾影自怜的女子吧。生活中的小仙爱吃又爱玩，是公认的开朗姑娘，所以今天来出演这场戏也算是一个挑战。好在观复猫个个都是成熟的演员，能够轻松演绎画中人。

另一名贵族女子就交给我们的大家闺秀苏格格了，本色出演也是相当无压力。观复猫还请来了一位可爱的水獭小姐姐客串，和苏格格搭起戏来别有一番精彩。观复猫版《绣栊晓镜图》，是不是少了一丝愁绪，多了一份清新呢？

观复猫
说文化

GUANFUMAOSHUOWENHUA

景德镇窑刻花四碟粉盒
宋代　观复博物馆藏

观复猫版《绣栊晓镜图》中，水獭小姐姐手中托着一个和化妆相关的物件，看起来有点像现代的四色眼影盘，其实这是观复博物馆藏景德镇窑刻花四碟粉盒。

景德镇窑作为宋代南方的重要窑口，生产的青白瓷独树一帜。此件粉盒为圆形，扁平状，表面刻出缠枝花卉纹，刀法细碎。打开盒盖后可以看到盒内雕有一条卧龙，身旁置有四碟，可以盛放不同的化妆品。此类粉盒一般内置三碟的多见，四碟较少。

绳纹金钗
宋代　观复博物馆藏

钗是古代重要的首饰，既可以将头发绾住，又可以起到装饰作用。钗与簪是有区别的，簪为一股，而钗为两股。最早的钗以骨、木制作，后续发展为使用金、银等贵金属材料。此件发钗由纯金制作，为传统的折股钗，即将金丝对折使两端齐平，弯折之处装饰绳纹，钗头留有锤打痕迹，造型简洁大方。

凤穿牡丹纹菱花形铜镜
辽代 观复博物馆藏

铜镜是古人梳妆的生活用品，早在大约4000年前，齐家文化就出现了铜镜。数千年来，铜镜伴随着人们的日常生活，直到后来玻璃镜面大量出现，铜镜才逐渐退出历史舞台。这件铜镜呈八瓣菱花形，镜子的背面铸出精美的凤穿牡丹纹图案。凤凰和牡丹分别有鸟中之王和花中之王的美誉，是富贵繁荣的象征。

黄花梨镜支
明晚期 观复博物馆藏

镜支，为承托铜镜的支架。观复博物馆收藏的这件镜支为名贵的黄花梨材质，造型简约而不失大气。镜支设计成两层结构，表面一层镂出花卉形中空，应有一面配套的花卉形铜镜，正好可以嵌放其中。这件镜支明显是搭配铜镜的定制产品，不知曾经放置于明代哪个小姐姐桌上呢？

三股荔枝头金发簪

宋代　观复博物馆藏

紫檀嵌澄泥石插屏

清代　观复博物馆藏

插屏是屏扇与屏座分体制作、两者可以分开拆装的一种屏风制式。此件清代插屏以紫檀木打槽攒框，内嵌澄泥石作为屏芯，选材珍贵。澄泥石上布满天然形成的纹理，蜿蜒回旋，别具一格。紫檀木的深沉色调与澄泥石的暖黄色调搭配在一起，对比强烈，极具视觉冲击力。

簪与钗一样，是古代生活中重要的首饰之一。簪为单股，式样主要体现为簪头的图案与形状变化，植物、动物、人物、几何纹等都是常见的簪头式样，图案一般具有吉祥寓意。此件发簪的簪头为三个镂空的立体花卉纹锦地花头，形似荔枝。荔枝的"荔"与吉利的"利"谐音，带有吉祥如意的美好寓意。

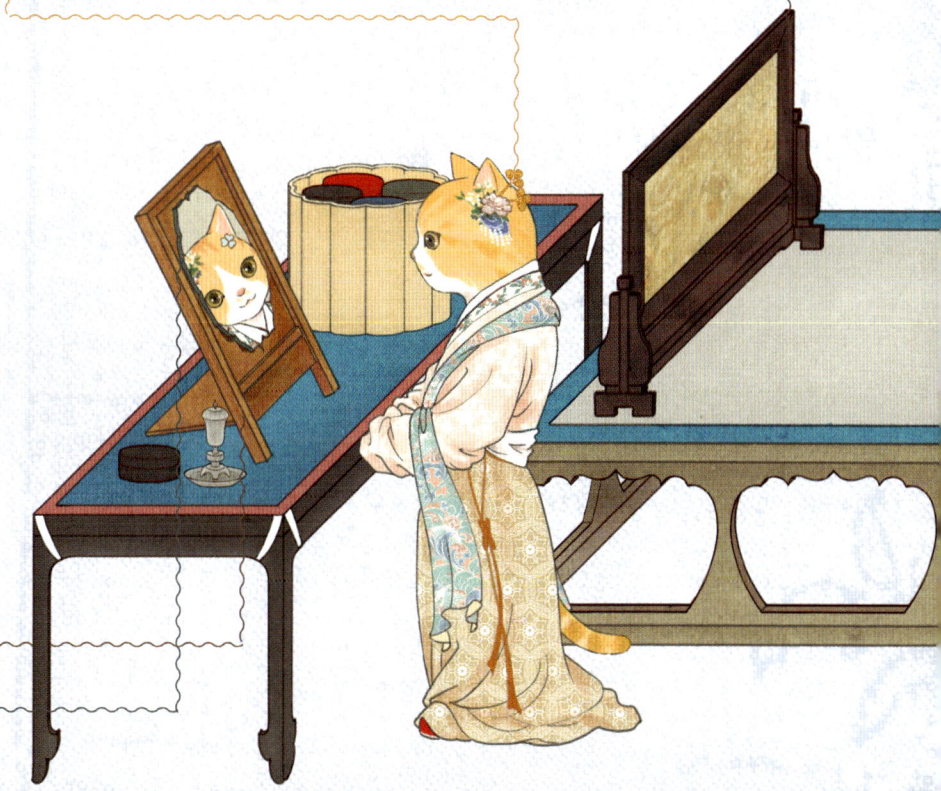

清明上河图

探秘宋代大都市

古画
GUHUACHUANQI
传奇

传奇画家与千古名画

如果时间可以倒流,大概许多人都想回到宋朝,体验一下那个理想与现实并重的时代。宋朝是中国历史上政治、经济、文化最为繁荣的朝代之一,北宋都城汴京(今河南开封)与南宋都城临安(今浙江杭州)都是以热闹和繁华著称的大都市。北宋时期著名的风俗画《清明上河图》,描绘的正是汴京的城市风貌。

《清明上河图》为北宋张择端所绘。张择端生活在北宋末年,历史上关于他的记载不多。他年轻时专心读书,后研习绘画,创作题材广泛。金代人张著说他"本工其界画,尤嗜于舟车、市桥、郭径,别成家数也"。他曾供职于宋徽宗赵佶的翰林图画院,任翰林待诏,其间创作了《清明上河图》。

张择端擅长的界画是中国传统绘画中的一种技法。古人以毛笔作画时,不容易将线条画直,所以创作中常常借助界尺来画直线,因此称为界画。界画中最常见的题材就是建筑,以建筑占据整个画面的主要视觉点,建筑各部位线条横平竖直,细腻严谨,呈现出一种华丽的工整。

在《清明上河图》中,既有界画的严密,又有写意的潇洒。张择端以高超的技法,对车船、桥梁、路径、屋舍、货物、人物都做了细致入微的描绘。我国著名史学家白寿彝先生在《中国通史》中评价说:"全卷所绘人物五百余位,牲畜五十多只,各种车船二十余辆艘,房屋众多,道具无数,场面巨大,段落分明,结构严密,有条不紊;技法娴熟,用笔细致,线条遒劲,凝重老练。它反映了高度精纯的绘画功力和出色的艺术成就。同时,因为画中所绘为当时社会实录,为后世了解研究宋朝城市社会生活提供了重要的历史资料。"

精彩的"连环画"

张择端的《清明上河图》现收藏于故宫博物院,绢本设色,纵 24.8 厘米,横 528 厘米。这样一幅 5 米多的长

《清明上河图》 北宋 故宫博物院藏

卷从右至左徐徐展开，犹如连环画一般，镜头衔接，场景丰富。打开画卷，我们仿佛置身其中：一个薄雾笼罩的清晨，汴京郊外的道路四周寂静，路边枝头淡淡泛出一丝绿意。跟着小道上缓缓行来的商队，可以看到村庄里的农舍。渐渐地，路上行人多了起来，走路的、乘轿的、骑驴的，各自赶路。

终于，我们来到繁华的汴河两岸，数艘船舶停靠岸边。这里出现了一座状如彩虹的桥梁，名曰"虹桥"。桥上行人摩肩接踵，坐轿的文官、骑马的武官、摆摊的小贩、运货的脚夫，各色人等一一展现。桥下水流湍急，一艘大船即将穿过桥洞，可艄公们还没有完全放下桅杆，场景惊险刺激。

过了虹桥，就到了城门内外的街市，只见街道上的店铺鳞次栉比，有酒肆、茶坊、客店、药铺、肉铺、布店、香料铺、家具店、看病的诊所等，许多店铺和住宅的牌匾、彩幡清晰可见。街道上也是一番车水马龙、热闹非凡的景象：客人与商贩讨价还价，说书人声情并茂地表演，主人带着仆从悠然前行，运货的脚夫赶着车子和马匹……画家对细节的种种描绘让人拍案叫绝。

繁华的街市和大量人口使北宋汴京呈现出前所未有的活力。资料显示，北宋时期汴京人口超过 100 万，称得上是当时世界上最大的都市。北宋时期 10 万以上人口的城

市有 50 多座，伦敦、巴黎、威尼斯等西欧城市，人口都不过十几万。由此可见《清明上河图》的伟大之处——它记录了北宋鼎盛时期的城市盛况，徐徐观看，梦回千年。

正店与脚店

《清明上河图》中有一处豪华的酒楼，门前搭着高高的门楼，用各色彩帛花枝等扎成琳琅满目的装饰物，高大华丽，气势非凡。这种宋代流行的装饰门店的方式，是为了吸引招徕顾客，称为"彩楼欢门"。欢门左侧的立柱上有一根伸出的长杆，上面挑着一面写有"孙羊店"字样的酒旗。大门两侧分别设置几个灯箱，上面写有文字，其中"正店"二字清晰可见，其他两处字迹存疑，尚无确切定论。

此外，虹桥附近还有一家"十千脚店"，店门前同样扎着"彩楼欢门"，但规模小了很多。门额上可见"稚酒"字样，门的两侧设有招牌，上书"天之""美禄"。门前的长杆上悬挂着一面酒旗，旗上有"新酒"二字。

同样都是酒楼卖酒，什么叫"正店"，什么叫"脚店"呢？

宋代对酒类实行专卖，称为"榷酒"。"榷"字旧指某些商品的专营专卖。榷酒就是政府对民间酒类的酿造和买卖有着严格限制，主要由官府专卖，独享利益。酿酒离不开酒曲，宋代榷酒主要是"榷曲"，也就是只能由官府的"曲院"造酒曲，并进行独家销售。此外，宋朝还实行榷酒禁地制度，例如，在京城内等禁地严格禁止私人卖酒业务，只有购买了官方酒曲的商户，才可以自行酿造销售。

这种获得了官方特许经营的商户，就称作正店。酒业利润大，能拿到官方许可，意味着正店的经济实力不俗。而那些拿不到官方许可的商户，就只能从正店手中批发酒，再自行零售，这种叫脚店。据宋代《东京梦华录》记载："在京正店七十二户，此外不能遍数，其余皆谓之脚店。"在偌大京城中，只有72户正店可以酿酒。

是否有酿酒权，是正店与脚店的重要区别。

丰富多彩的娱乐

《清明上河图》展现了北宋时期的商业盛况，以及市民丰富多彩的消费生活场景。画卷中正店的彩楼欢门旁有一位大胡子艺人正在说书，一群听众将他团团围住，显露出对听书浓厚的兴趣。

从中唐开始，因商业经济得到了大力发展，城市生活呈现出一片欣欣向荣的景象，带动了城市娱乐活动需求的增加。为了满足市民阶层日益多样的娱乐文化需求，从北宋时期开始，城市里出现了许多"勾栏瓦舍"。

在宋代，固定的城市娱乐中心叫作瓦舍，又叫瓦子、瓦市或瓦肆。在瓦舍里设置的各种演出场所称勾栏，也称钩栏、勾阑。一个瓦舍可能有多个勾栏，勾栏有大有小，能容纳的人数不一。通俗点说，宋代的"勾栏瓦舍"就是最繁华的综艺演出聚集地。

勾栏瓦舍中表演的节目类型非常丰富，根据宋代孟元老《东京梦华录·京瓦伎艺》记载，表演的节目有小唱、嘌唱、般杂剧、悬丝傀儡、小掉刀、筋骨上索杂手伎、讲史、小说、散乐、小儿相扑、杂剧、掉刀、蛮牌、影戏、诸宫调、合生、说诨话、杂班、神鬼、说"三分""五代史"、叫果子等。被学者们视为中国古典戏曲趋于成熟标志的宋金杂剧，就是当时在勾栏瓦舍中常见的表演项目。

想想看，一个演出场所里包括诸多表演内容，各种节目任君选择，对古人来说诱惑太大了。《水浒传》里就描述高俅"因帮了一个生铁王员外儿子使钱……每日三瓦两舍，风花雪月"。这些表演从不间断，无论风雨寒暑，表演都每日进行，全年无休，有的甚至还开夜场，堪称宋代娱乐之巅峰。

观复猫 《清明上河图》

宋球球

钻入古画的观复猫

由于《清明上河图》这幅画太宏大了，所以观复猫选取了非常重要的一部分展示给大家——十字街道的正店门前。

在这幅画里，华丽的彩楼欢门占据了大部分画面，宋球球和戴南瓜穿戴一新，正在店前寒暄，仿佛是许久未见的老朋友相约来酒楼畅饮相聚。"影帝"王情圣扮演说书人，眉飞色舞、滔滔不绝地讲着故事，引人叫绝。

和小幺则扮演了一个小朋友，正抱着存钱罐在小摊上买东西。小贩的摊位上摆着各种各样的玩意儿，有石雕菊花纹高装盒、汉白玉雕锦地纹海棠形盒，还有鸡形镇和犬形镇。和小幺的样子很兴奋，看来攒了许久的零花钱终于可以花掉啦！

观复猫

GUANFUMAOSHUOWENHUA

说文化

龙泉窑青釉獬豸形镇纸
宋代　观复博物馆藏

獬豸是中国古代神话传说中的神兽，生有独角，因此俗称独角兽。它拥有很高的智慧，能辨是非曲直，能识善恶忠奸，所以獬豸成为执法公正的化身，象征着"正大光明""公正廉明"。

此件龙泉窑镇纸通体施青釉，釉色均匀莹润。造型取自獬豸，呈卧姿回首状。獬豸独角后撇，口半张，颊有长髯，颈部和尾部的毛发卷曲，威武如狮。

说书人王情圣正在声情并茂地表演，吸引了一圈听众。在宋朝，经史、公案、志怪，都是很受欢迎的说书题材。那么，王情圣到底在讲什么呢？看到他特意放在脚边的这件青釉獬豸形镇纸，我们大胆猜测，他一定在讲惩恶扬善的热血破案故事。

影青釉点褐彩鸡形镇

北宋　观复博物馆藏

江西景德镇窑的影青瓷呈现青白色，胎薄且坚，釉青而润，受到人们喜爱并广泛流行。这件鸡形镇以瓷土塑造一只站立的雄鸡，昂首挺胸，尾羽上翘，神气活现。装饰手法是在影青釉上加点褐彩，笔画随意，显示出当时市民阶层丰富多样的审美需求。

影青釉点褐彩卧犬形镇

北宋　观复博物馆藏

随着宋代商品经济的发展，小商品的数量和类型也变得多样起来。"镇"原是席地而坐时固定席角的用品。这件卧犬镇小巧精致，色泽淡雅，上点褐彩。小狗垂耳蜷尾，趴伏在地，呈现乖巧驯顺之态，表现了宋代人的生活情趣。

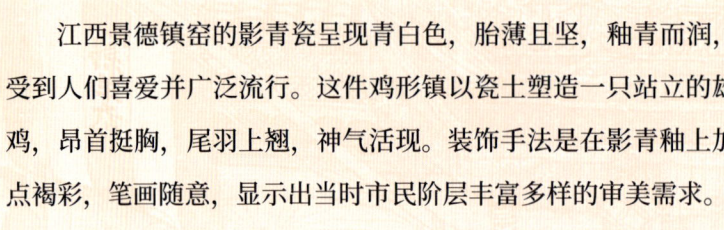

灰陶扑满

宋代　观复博物馆藏

扑满，是一种历史悠久的储钱器，今天俗称存钱罐。早期只有入口而无出口，且入口多为一条狭窄的缝隙。当钱币放满想要取出，只能把它打碎，"扑"在这里就含有打破之意。这件灰陶扑满呈馒头形，表面无纹饰，极为朴素，主要具备实用功能。

石雕菊花纹高装盒

宋代　观复博物馆藏

盒子是日常生活中非常重要的一类器物。宋代开始流行起来的高装盒，一改以往盒子矮扁的形象，变得高挑起来。此件宋代高装盒取用石材，直壁深腹，子母口，密封性较好。盒盖顶部微微隆起，中间雕刻有一朵凸起的菊花。形制古朴，韵味悠长。

汉白玉雕锦地纹海棠形盒

五代　观复博物馆藏

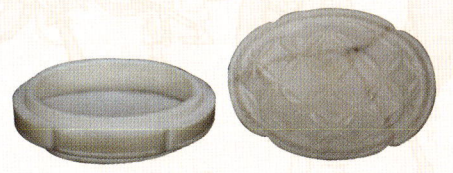

中国古代盒具有十分强大的生命力和创造力，材质多样，工艺不断完善和创新。此件汉白玉雕锦地纹海棠形盒颜色洁白，小巧玲珑，整体呈海棠形。盒盖隆起，盖面底层雕刻网格纹，其上浅浮雕金钱锦地，边沿围绕一圈绳纹，雕工精致细腻。

货郎图

古人的移动百货店

古画
GUHUACHUANQI
传奇

画一幅"卖货郎"

有一个成语"坐贾行商",泛指经商的人。"贾"的本义是商人。"坐贾",简单理解就是开有固定店铺做买卖的商人。与此相反,"行商"指的是没有固定店铺,四处流动买卖东西的商人。货郎,即可视为行商的一种。

货郎常常独自一人挑担或推车,担子和车子上装满了各式各样的货物,他们摇着拨浪鼓,口里吆喝着,走街串巷招徕顾客。对不方便总出门的内宅女子和孩童来说,货郎的货物多样,价格实惠,是大受欢迎的移动百货店。

在中国人物绘画的历史上,宋代之前很少有对货郎这个群体进行创作的例子。进入宋代,社会经济繁荣,商业发达,百姓的生活丰富多彩,从北宋时期开始有以货郎为主人公的绘画作品出现,统称为"货郎图"。此后从南宋至明清,各朝都有《货郎图》传世,尤以宋、明最多,可视其为一个具有连续性的绘画题材。

在诸多传世《货郎图》中,画面风格大体可分两种:一种画面质朴,多表现日常生活中走街串巷的民间货郎;另一种则画工精美,无论是商贩的衣着,还是所售货物,都更为丰富,画面凸显华丽感。

这是一个有趣的现象。宋代商品经济兴起,城市发展迅速,但也有商品流通不够发达的乡村地区,这时候就更依赖走街串巷的货郎,所以画家存在有意记录现实生活的可能性。但过分华丽的画面细节,显然不大符合普通民众的生活,反而更像是宫廷中的场景,因此不排除部分《货郎图》是宫廷画师为皇家所绘,依照宫中举办的货郎表演,将民众生活精致化,表现盛世繁华景象,以博取帝王欢心。这在明代刘若愚的《酌中志》中亦有记载:"又御用监武英殿画士,所画锦盆堆,则名花杂果;或货郎担,则百物毕陈。"这清楚说明"货郎图"为明代宫廷画师常画的题材,货物丰富而细节毕现。

九转货郎调儿

《水浒传》中有这样的记载:"众人看燕青时……扮做山东货郎,腰里插着一把串鼓儿,挑一条高肩杂货担子……宋江道:'你既然装做货郎担儿,你且唱个山东货郎转调歌与我众人听。'燕青一手拈串鼓,一手打板,唱出货郎太平歌,与山东人不差分毫来去。"这种带有表演性质的货郎,最初正是源于货郎为了招徕生意,走街串巷时的叫卖吆喝,后来发展成为一种说唱艺术,再后来演化为一种演剧形式。

元代戏剧家关汉卿的《王闰香夜月四春园》第三折云:"自家是个货郎儿。来到这街市上,我摇动不郎鼓儿,看有是么人来。"说明"说唱货郎"的形象在元代已经于戏曲舞台上出现。清代乾隆时期柳山居士的杂剧《太平乐事》中,有一出《货郎担》。今天的昆曲舞台上也有一种名为"九转货郎调儿"的曲牌,可见货郎表演在舞台上长期延续,以另一种方式反映时代特色和生活细节。

明清时期,"货郎演出"不仅出现在民间生活中,也出现于宫廷庆典中,将宫外热闹的市井民生再现于宫廷,使长居深宫的皇帝可以窥探普通百姓的生活状态。画家再根据"货郎"的表演,创作出华丽精致的时令画《货郎图》。

在中国国家博物馆收藏的《明宪宗元宵行乐图》中可以看到,一场大型元宵庆典会涉及很多种不同的表演,包括杂耍、歌舞等。"货郎"也是其中的一部分,出于皇家表演的性质,无论是人物装束,还是"货郎"的货担,都十分华丽。

这种国家组织的大型元宵庆典,宋代既已完备。唐代每逢正月十五前后要放假三天,宋代则增加到五天,元宵节是官方规定的大型节日,晚上会举行热闹的庆典活动。宋代文献《武林旧事·舞队》记载了元宵节表演的一长串舞队杂戏清单,"货郎"就包括在内,可见货郎表演的流行。

《货郎图》 宋代 台北故宫博物院藏

琳琅百货人人爱

传为宋代苏汉臣所作的《货郎图》，绢本设色，纵宽181.5厘米，横长267.3厘米，现藏于台北故宫博物院。苏汉臣，北宋末、南宋初画家，任画院待诏，擅画人物，尤其儿童。此画设色浓艳，画风华丽，细节描绘极为精致。台北故宫博物院延续旧制标注其为苏汉臣之作，也有学者认为这是明初宫廷画家所作。

画面上的卖货郎和他的助手一推一拉，移动着满载商品的独轮车。四周孩童们迫不及待地将他们围住，寻找着自己想要购买的东西。足足16个孩童，恐怕就算有两个大人也要手忙脚乱。只见孩童们均是锦衣华服，三两成群，姿态各异。有的已拿到心仪的玩具，迫不及待地玩耍起来；有的拿着铜钱正要购买；有的却眼巴巴看着，拿不定主意买哪个；还有两个孩子看上了同一件玩具，相互争抢，打闹起来。画面右下角的童子最为有趣，他急匆匆奔向独轮车，连自己的鞋掉了都不知道。

再看画面中间的独轮车，有精致的镶嵌装饰，高高低低、里里外外地摆放了满满的货物，仿佛一不小心就会翻车。车上的货物琳琅满目，品项众多，不仅有日常生活所需的各种物品，小孩子喜欢的各种玩具，女子喜欢的胭脂水粉、螺钿花钗，还有农具、乐器等。独轮车的四周挂着成串儿的算盘、茶盏、簸箕等，前方甚至还有一串儿大蒜，货物之丰富，简直令人瞠目。

这幅画曾被乾隆皇帝收藏。面对这样一幅热闹的《货郎图》，乾隆皇帝文思如泉涌，在画的左上角题御诗一首：

货郎担货人休笑，深宅曲院无不到。
借问此法创由谁，乃自宣和苏待诏。
待诏尤复善婴孩，森森玉笋戏庭阶。
忽然轩渠舞且咍，群喜街头货郎来。
货郎担上无不有，文具武备箕筥甒。
傀儡格五及乐器，币帛杂组筐箩帚。
都无实用象形为，推车拽以襁褓儿。
转东邻更过西舍，怡儗左右常相随。
纷呼争贯或力夺，货郎欲行行不脱。
本已鞭贾眩他人，系徽反致他嘈聒。
待诏此画非夸奇，极闹场中合静思。
金刚六如尤费说，斯以一图而转之。

乾隆皇帝诗写得直白，他解读了货郎，夸奖了苏待诏（苏汉臣，曾任画院待诏），最后将画提升到哲学高度，看来他是真的非常欣赏这幅《货郎图》。

观复猫 《货郎图》

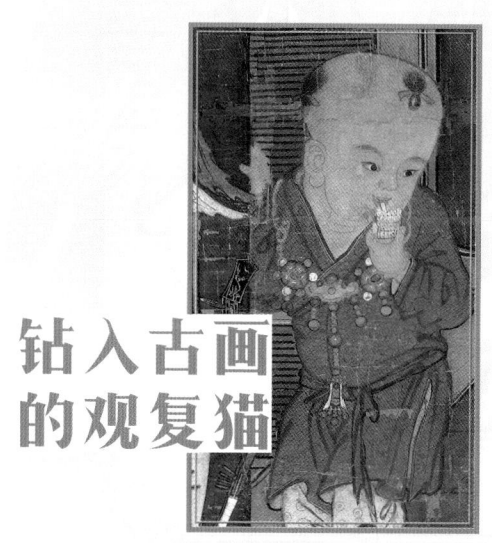

钻入古画的观复猫

　　观复猫牛魔王和岳家枪是一对"青梅竹马"组合,他们昵称为"牛牛"和"小枪",从小一起长大,感情很好。这次好不容易有免费获得各种玩具的机会,仿佛抽到了游戏里的特殊技能卡,牛牛和小枪可真是太开心啦!无论是穿越到乡村去找货郎买货,还是穿越到宫廷共同参与庆典表演,两只小猫都要追着货郎讨玩具,撒欢打滚"嗨"起来!这不,淘气的小枪被玩具吸引,跑丢了一只鞋都不自知。

　　同时穿越到这幅画里的还有一只哈士奇和一只红狐狸,哈士奇扮演推车卖货的货郎,红狐狸则出演其助手。红狐狸正对着牛牛摆弄着一个提线人偶,看上去很好玩的样子。不知道牛牛要不要买一个带回去送给小伙伴们呢?

观复猫

说文化

GUANFUMAOSHUOWENHUA

货郎

货郎，就是旧时民间走街串巷卖货的小贩。在商品流通不畅的年代，货郎四处游走，深入乡镇村落，手摇鼗鼓（拨浪鼓），口唱货郎调，为人们带去购物的欢乐和种类齐全的商品，堪称流动的百货商店。

《货郎图》自宋代流行，此后历代都有经典图像。从散落在各大博物馆的存世《货郎图》来看，货郎均为男子，穿着以简便利落为主，头戴巾帽。货郎为了吸引顾客的注意，有时故意穿戴奇特，比如敞着怀，围披肩，身上挂满货物，头上还插着花朵、雉鸡羽、小旗子等物。他们或肩挑货担，或手推独轮车，走街串巷，叫卖吆喝。

货郎最受小孩子欢迎，所到之处都有孩子兴奋的欢呼雀跃。货郎的出现，对孩子来说就是在过一次狂欢"购物节"呢。

当阳峪窑白釉柳斗钵

宋代　观复博物馆藏

在我国传统工艺制品中，以柳条为原材料的柳编制品用途十分广泛，既可编成笸箩之类孔洞粗疏的器具，也可编出结构紧密的容器，甚至可以紧密到不渗透液体，体现出工匠非同寻常的精湛技艺。柳斗，就是一种用柳条编制而成的容器。

当柳编制品遇到瓷器，会碰撞出怎样的火花呢？两宋时期，很多窑口都烧造柳斗纹瓷器，可见其在当时十分流行。这件当阳峪窑白釉柳斗钵是在半干的瓷胎上刻出一道道柳条纹，再入窑烧制而成，线条自然，古朴可爱。

龙泉窑官釉花插
宋代　观复博物馆藏

龙泉窑是宋代南方著名窑口，以生产青瓷闻名，南宋时期达到鼎盛。龙泉窑瓷器的品种非常丰富，盘、碗、洗、炉、瓶、罐、笔筒、水盂、渣斗等均有生产，其中仿青铜器造型的鬲式炉、仿玉器造型的琮式瓶十分具有代表性。

宋代的官釉在陶瓷界享有盛名，历代常有追摹之作。这件花插即是龙泉窑烧造的官釉瓷器，线条流畅，造型简洁，口宽足窄，表面布满细碎错落的冰裂纹，别有一番趣味。花插呈现的灰青釉色莹润而典雅，体现出宋朝文化含蓄内敛之美。

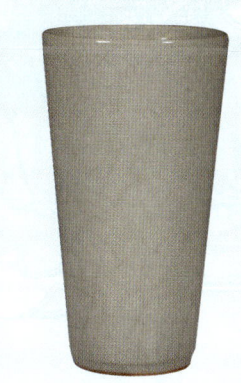

绳纹镂空双龙首铁马镫
清代　观复博物馆藏

马镫是非常实用的马具之一，悬挂在马鞍两侧，供骑马者在上马和骑乘时踩踏。马镫不仅可以帮助骑手上马，更能够在骑乘过程中支撑其双脚。现有考古材料表明马镫是中国人发明的。

哈士奇货郎所售卖的马镫以铁铸成，镫环的绳纹可增加摩擦力，踏脚处镂空，镫柄设计为方向相对的双龙首，龙身处的方形孔用来穿系皮革。龙首与绳纹的组合显得霸气十足，不知谁是它曾经的主人。

秋庭婴戏图

庭院秋声落枣红，拾来旋转戏儿童

古画
GUHUACHUANQI
传奇

人物画，画人物

"苏汉臣，开封人，宣和画院待诏，师刘宗古，工画释道人物臻妙，尤善婴儿。绍兴间复官，孝宗隆兴初，画佛像称旨，补承信郎。"成书于元末的《图绘宝鉴》这样记载道。寥寥数笔，苏汉臣的生平轮廓、作画造诣已交代清晰。但可惜的是，这是流传至今关于苏汉臣唯一的文字。从北宋至元末近300年，书中叙述是否如实，如今已无从考证，唯有"释道人物臻妙，尤善婴儿"的独特成就，倒是可以在他的画中窥见一斑。

人物画自诞生以来至宋代，其创作意图经历了从教化劝诫向愉悦大众的转变。先秦两汉时期的人物画是"为教而画"。从楚墓出土的人物帛画，到魏晋时期的《女史箴图》《列女仁智图》，都在依据故事情节编绘图画内容，以图佐证，起说明之意，作用和如今的插画非常接近。至隋唐时期，宗教盛行，释道人物画一时广为流行，贵族高士争相追捧。到了宋代，商品经济发达，城市富足，商贸繁盛，市井大众对文化产生了强烈的需求，人物画的创作方向也随之转舵。原本流行的高雅精专题材，如古贤列女、释道人物等，逐渐被更通俗、更贴近生活的市井民生内容取代。世俗化的人物画题材在宋代大众审美的推动下流行开来，孩童、仕女、货郎、品茶、纳凉、变戏法、问诊治疗等表现市井百态的作品比比皆是。人物画在宋代完成了从"雅"到"俗"的转身。

人物画和山水画、花鸟画一起，并称中国画三大画科。区分画科，既是题材上的划分，也折射出作画人观念的不同。人物画追求"存形"写实，山水画、花鸟画注重意境，以"写意"而被称道。人物画由来已久，山水画、花鸟画则自魏晋起才逐渐从人物画的背景中独立出来，自成一科，经隋唐画家完善，终于在宋代取得辉煌成就。从此，人物、山水、花鸟三大画科最终确立。宋代鉴赏家郭若虚曾形象地总结道："若论佛道人物、士女牛马，则近不及古。若论山水林石、花竹禽鱼，则古不及近。"

最喜小儿无赖

在人物画漫长的发展过程中，"婴戏"题材的独立也始于宋代。宋代以前的绘画中，虽有儿童形象存在，但往往都与女子相伴入画，陪伴衬托画中的女性形象。自宋代起，儿童开始独立作为主角入画，且一经独立便形成爆发式发展的势头。

宋代画家，特别是南宋的画家，很是热衷于婴戏题材。苏汉臣即以"尤善婴儿"而闻名，他笔下的孩童造型逼真传神，运笔工巧细密，着色沉稳大气，在婴戏图中独树一帜。

苏汉臣的《秋庭婴戏图》，绢本设色，横宽108.7厘米，纵长197.5厘米，现收藏于台北故宫博物院，堪称婴戏题材绘画的标杆之作。画中线条行云流水，五彩敷色明丽大气，金秋时节一对姐弟在庭院中恣意玩耍的场景跃然画稿之上。

如果说生活于两宋之交的苏汉臣为婴戏图树立了儿童肖像画的标杆，那么紧随其后的各位南宋画院画家则为婴戏图注入了更鲜活的生命力。今天可见南宋婴戏图的精彩作品有刘松年《傀儡婴戏图》、陈宗训《秋庭戏婴图》、李嵩《货郎图》，以及苏汉臣之子苏焯《端阳戏婴图》等，反映了婴戏题材在当时的流行程度。

宋人画婴戏图的视角是多样的。童子闹学、下棋击球、斗虫戏水、节庆祭拜、扮杂剧歌舞、玩傀儡、追货郎等，画面生动，场景繁多，选题几乎涵盖了儿童生活的方方面面。随着题材日趋丰富，婴戏场景中儿童的数量也逐渐增多，起初是三两儿童、几种游戏，之后逐渐演化出了群童嬉戏的场景，最多者可见"百子图"。百子图，画如其名，不多不少正好100个孩童，群童嬉戏好不热闹，生动诠释了古人对多子多福的期望。

四时游戏

在这幅《秋庭婴戏图》中，虽然孩童是主角，但画里的各种细节更值得品味。

先看画名之"秋庭"。画面中两名小童、几组玩具，身后花石矗立，何以知秋？姐弟俩正玩着的游戏透露了答案。原来二人玩的"推枣磨"是北方秋天常见的游戏，因为枣子只在秋天成熟时，才能被采来玩耍，再加上太湖石后面盛开的雏菊和秋芙蓉，说明确是秋景无疑。

细看另外一只鼓凳上的玩具，真是琳琅满目。孩子都爱模仿，画中的红色小佛塔就是孩子学着大人礼佛的样子做游戏时用到的玩具，这样的游戏在春天四月初八浴佛节时最流行。小红塔旁边是围棋罐、陀螺盘，还有一件玩法类似转盘的"人马转"，这种玩具如今已经失传。鼓凳旁的地上还散落着一对铙钹，仿佛刚被小主人热闹地敲击过。

从这幅画中，可以看到古代小朋友的游戏比我们想象的要丰富多彩。随着四季变化更替，古代的游戏和玩具也在每个时节都有新花样。

春暖花开，草长莺飞，春天是户外游戏最丰富的时候。游春、鼓乐、斗鸡、扮魁星、放风筝等，不胜枚举。《武林旧事》记载了南宋临安少年们的风筝比赛："桥上少年郎，竞纵纸鸢，以相勾引，相牵剪截，以线绝者为负。"比赛激烈又有趣。

夏天玩耍少不了和自然互动。拾荷叶、摘莲蓬、打蝉、抓蛤蟆、钓鱼等都是夏季限定的游戏。一边热闹玩耍，一边出汗消暑，儿童的快乐就是这么简单直接。

夏末秋初，七夕将至，颇受孩子们欢迎的"摩侯罗"首先登场。摩侯罗是用泥做成孩儿的模样，再加彩色装饰，这种有趣的小人偶是孩子们一年的期盼。待到秋高气爽，小伙伴相邀玩耍最是宜人。这时应景的玩法有荡秋千、骑竹马、推枣磨、斗蟋蟀等。

冬天虽然寒冷，但也不枯燥。蹴鞠踢起来，冰上转陀螺，捉迷藏、堆雪人、雪狮子、吹糖人等，任意挑一种都可以玩得不亦乐乎。还有一种扮杂剧的游戏，也是孩子们在一起时常玩的——小孩子们乔装起来，扮钟馗、扮魁星、扮军士，打闹嬉戏，怎么好玩怎么来。

岁月更替，四季往复，游戏始终是孩童们不变的主题。《秋庭婴戏图》仿佛一部相机，定格记录了古代孩童秋日限定的幸福游戏时光：一个初秋的午后，天气还微热，两个孩子在自家环境优美的庭院里，玩耍着心爱的玩具。姐弟俩的脸上都露出笑容，展现了儿童最天真的快乐。清代乾隆皇帝为此画题诗道：

庭院秋声落枣红，拾来旋转戏儿童。
丹青讵止传神诩，寓意原存相让风。

《秋庭婴戏图》 北宋 台北故宫博物院藏

观复猫 《秋庭婴戏图》

郑小墨

和小幺

钻入古画的观复猫

"庭院秋声落枣红，拾来旋转戏儿童"，宋代儿童的快乐游戏连乾隆皇帝都感叹，观复猫自然也耐不住好奇心，要钻进古画去体验一番。

观复猫和小幺与郑小墨是一对黑白分明的亲兄弟，由他俩扮演《秋庭婴戏图》中的姐弟再合适不过。和小幺反串扮起画中的姐姐，身着画中女孩的一套白衫，配上红色的腰带更显俏皮。小幺平日里深邃的蓝眼睛，此刻正紧张地关注着弟弟正要去拨动枣磨的小手。郑小墨扮演弟弟，年龄更小，也更顽皮。小墨两眼紧盯着枣磨，已经完全被吸引了，连一边的衣衫滑落也浑然不知，玩得十分忘我。

小幺、小墨钻进《秋庭婴戏图》也不忘带上自己平时心爱的玩具：唐代三彩玲珑球、青铜塔形盖罐、青铜鸠车，这些可都是马霸霸给他们精心挑选的。难道他们体验之余，还想拿自己的玩具和宋代的来比比看？

观复猫

GUANFUMAOSHUOWENHUA

说文化

推枣磨

古代的游戏大多就地取材，因此有很强的季节性。推枣磨，就是北方秋天常见的游戏。

待枣子成熟时，取三颗饱满的大枣，将其中一颗拦腰剖开，去掉一半果肉后将枣核露出。再取一根小竹签，左右各插一颗枣，找准签子的重心，将它放在枣核的尖头上，好似人挑扁担时的样子。

枣磨做好了就可以开始游戏。轻推枣磨旋转，无论是比拼转速还是持久度，想必都能让孩子们开心一阵。

三彩玲珑球（对）

唐代　观复博物馆藏

这是一对唐代三彩玲珑球。造型模仿绣球，内外双层，外层镂空雕刻成编花的样式，内置一个可以活动的小球。滚动起来时，小球撞击外壁，发出清脆的声音。玲珑球以三彩釉层作为装饰，黄、绿、蓝、白四色搭配得宜，色彩艳丽却不俗，体量虽小，但别具大方豪迈之感。

青铜塔形盖罐

唐代　观复博物馆藏

这件青铜塔形盖罐为唐代器物。罐身呈豆状，盖上有七重相轮塔刹。塔刹是佛塔建筑的顶上最引人瞩目的部分。唐宋时期，民间佛教信仰兴盛，与佛教相关的器具在人们的生活中十分常见。《秋庭婴戏图》中的小佛塔，就是专供儿童游戏的玩具。

宋朝时期，农历四月初八是佛诞日，其间庆祝活动异常隆重。寺院通常会在这天举行浴佛会。届时，僧尼们将佛像沐浴在盛满糖水的盆中，再在佛像上方装饰好花棚，就这样带着佛像，敲起铙钹，前往各家各户祈福化缘，其间会用小勺舀水浇灌佛像，由此称作浴佛。一年一度的盛会为孩子们提供了最好的模仿素材，他们也有模有样地玩起浴佛游戏，或供起玩具佛塔，模仿参拜的样子。因此，宋代婴戏图中不乏对玩具佛塔、拜佛游戏的表现。

青铜鸠车

宋代　观复博物馆藏

鸠车是古代小朋友的玩具。鸠车通常做成鸠鸟的造型，车上装轮子，可以转动前行，颇受儿童喜欢。古代鸠车有木质、金属、玉石等质地。观复猫玩耍的这件鸠车采用青铜铸造，因铜略有生锈，所以呈蓝绿色。鸠鸟的胸前有一个小环，方便穿绳，可以拉动行走，正适合低龄小童玩耍。这也与古籍记载的"年五岁有鸠车之乐，七岁有竹马之欢"的描述相符。

鸠，指斑鸠，是一种在我国分布广泛的小型鸟类。斑鸠通常栖息在山林、耕地的边缘，所以是古人容易接触到的鸟。古人认为鸠是"不噎之鸟"，因此有做鸠杖扶老的传统，以此表达增添寿考的美好祝愿。至宋代，发展出了以鸠为造型的玩具。

春游晚归图

高调晒出的精致生活

古画
GUHUACHUANQI
传奇

纨扇团圆似明月

纨扇，又叫团扇，造型以圆形为主，亦有长圆形、六角形、梅花形、蕉叶形等，是古代流行的生活用品。纨扇的扇面装饰非常重要，一把小小的纨扇，以方寸天地承载了掌上乾坤，大到千里山水、楼台人物，小到花鸟禽鱼，咫尺之内无不可绘。

宋代对纨扇的推崇是从上至下的。纨扇曾是宋代宫廷热衷的赏赐礼物，而这些扇面画大都出自宫廷画师之手，本身就是宋人美学至上的代表。文艺皇帝宋徽宗兴致浓时，甚至会御书画扇，风雅至极。上有所好，下必甚焉，画扇、用扇、赏扇、送扇的风潮也因此在宋代民间流行一时。特别是春夏时节，纨扇总是最时兴的礼物。从宫廷到民间，从城市到乡野，纨扇不仅挥动在人们的手里，也出现在宋人的词中。陆游有一首《乌夜啼》："纨扇婵娟素月，纱巾缥缈轻烟。"道出了摇扇取凉的惬意。

故宫博物院收藏的宋代《春游晚归图》，就是一件著名的纨扇画。此画幅不盈尺，绢本设色，纵24.2厘米，横25.3厘米，细致描绘了宋人晚春出游归来时的场景。

画中的远景是高耸矗立的建筑楼台，推测应是城门楼，重檐歇山的屋顶与帝京的威严庄重相匹配，檐下斗拱层层叠叠清晰可见，道路尽头依稀露出半圆的门洞，远处还有若隐若现的树影延伸出去。顺着道路向近处看是一片密密的柳林，距离越近，绿意越浓。一队人马正从左下角走入画面，顺着道路打马进城，"春游晚归"说的正是他们。

此行共十一人。主人骑马前进，头戴长脚幞头帽子，身着展袖官袍，腰系金銙革带，手执长鞭御马。他好像听到了有人唤他，猛然回头，观者才有机会看到这是一位长髯老者，风度翩翩，气度非凡。就连他胯下的花马也是昂首得意，华丽的鞍鞯外加金色踱蹊带，说明画中人的身份不一般。主人前后簇拥着十名侍从，两人开路，一人牵马，两人护持。五名"行李员"走在队伍的最后面，一人扛方凳，一人提编笼，一人背油帽，一人负交椅，最后走着的一人挑着茶镣担子，一端挑着食盒，一端装着炭火、汤瓶等物。

这个队伍中，外出春游所需的吃、喝、行、用物品一应俱全。

宋代诗人林升在《题临安邸》中写道："山外青山楼外楼，西湖歌舞几时休？"这两句诗给读者描绘了繁华南宋临安城的理想轮廓。那么，宋代人的生活到底可以精致成什么样子？就像今天人们热衷于在社交平台晒出自己的精致生活一样，宋人也在这幅《春游晚归图》里高调给出了答案。

闲倚胡床，却是交椅一把

既然是春游，想必出游途中免不了休息停留，一件既舒适又方便携带的坐具自然不能少。这一行人带了两件坐具：一件是交椅，规制高，专门给主人休息；另一件是方凳，用处更多，也更随意，可以坐，也可以在备茶时当小桌子一样的承具使用，给外出的人提供了更多便利。

以座次标示身份是古已有之的规则，"主席"一词就是从席地而坐时"位尊者单独设席"的礼仪发展而来。画中的交椅只能主人使用，是权力、地位的象征。

交椅的雏形是胡床。古籍记载，胡床"前后两腿交叉，交接点作轴，上横梁穿绳代坐，可以折合"，古代又被称作交床、绳床，今天有个通俗的名字叫马扎。胡床大约在汉代由西北少数民族传入中原。因其可折叠的便携优点，在魏晋至隋唐时期颇受欢迎，无论是出行打猎，还是行军打仗，都少不了它的身影。唐代时已为胡床加上靠背，至宋代时胡床上加靠背和扶手的形制已完备，令人可以倚靠，成功变身为"交椅"。在延续了胡床便捷性的同时，交椅的舒适性更胜一筹。

有趣的是，在交椅诞生之初，人们仍把它看作胡床的一种，认为它是带靠背的胡床。比如苏轼在《点绛唇》中写道："闲倚胡床，庾公楼外峰千朵。与谁同坐，明月清风我。"秦观则在《纳凉》中说："携杖来追柳外凉，画桥南畔倚胡床。"一个"倚"字，清晰表明了此时的"胡床"指的是具有倚靠功能的交椅。

宋以后，称胡床的渐少，称交椅的渐多。交椅规制较高，一般只备一把给身份最高者使用，慢慢发展成权力与地位的象征。我们常说的一个词"头把交椅"就是例证。

有"脚"的幞头

《春游晚归图》的画中人物都戴帽子，虽然样式有区别，但它们有一个共同的名字：幞头。主人戴的是直脚幞头，帽子后伸出两根有硬度的"长脚"，这是宋代人最常戴的

《春游晚归图》 宋代 故宫博物院藏

样式，不论身份高低都可以戴。侍从们戴的幞头相对简单，帽后是两根"短脚"，这种样式非常接近幞头刚出现时的系法。

若论起源，最初幞头是从南北朝时期的鲜卑风帽演变来的。鲜卑人原本来自北方草原地区，为防风沙，他们习惯佩戴脑后装有披幅的风帽。披幅长度及肩，刚好与衣服相接，起到了围巾的作用。风帽一度随着北魏王朝入主中原的脚步南下，在中原汉族人士中也流行开来。到了南北朝晚期，由于中原生活不同于草原，风帽失去了它阻挡风沙的实际意义。在日常生活中，人们为了方便，就干脆将披幅的角系起来，既延续了风俗，也束住了头发，一举两得。

北周到隋唐初年，人们参考风帽的系法，日常包头时也将头巾的四角两两成对地系在一起，一对朝后，一对朝前。"幞"的本义就指古代男子包头的头巾。经此改革，这种裹头的做法被冠以"幞头"的称呼。

隋唐时期的幞头就是用软头巾裹头。最初的材质是粗厚的缯、绢。后来，为了追求平整，产生了专供裹头的薄罗纱，人们称之为幞头罗。罗纱细薄如蝉翼，透过幞头甚至可以清晰地看到额头上的发际线。从软头巾到硬壳帽，这个转变发生在唐末——人们为图方便，在幞头纱外涂上漆，漆干后软头巾就变成一顶硬壳的帽子。唐宋相继，幞头从软变硬后，受益最多的就是宋人了，他们再也不用每天裹头，摘戴也更方便。因此，宋人直接将幞头称作"幞头帽子"，此时幞头花样繁多，帽体形状各异。

帽壳变硬也为幞头脚的变化提供了更多可能。幞头脚最初只是系起头巾时脑后垂下的两根软带。唐朝时，这两根带子的长度不断增加。变长的同时，人们还会给带子里加上铜或铁丝的骨架，这让幞头脚有了更多造型，可垂、可翘、可直、可弯。

在此基础上，宋代人把幞头脚玩出了更多花样。根据身份、地位和场合需要的不同，幞头脚的样式有所区别。北宋沈括在《梦溪笔谈》中记载："本朝幞头有直脚、局脚、交脚、朝天、顺风，凡五等，唯直脚贵贱通服之。"其中最气派的要数宋代皇帝和官员的"展脚幞头"，幞头脚又长又直，这种幞头可以说是宋代官员的标准制服帽。而且，这种幞头上的展脚大多还可以拆卸，《水浒传》第七回就说李逵"取出幞头，插上展角（脚），将来戴了"。

幞头，宋代男子的潮流风向标！

观复猫 《春游晚归图》

钻入古画的观复猫

观复猫如果要评选一个"爱玩"排行榜，布能豹必须排第一。他从第一天来到博物馆，就表现出了与生俱来的活跃基因。当布能豹还是一只幼猫时，他就已经能像成年猫一样上蹿下跳，旋转、跳跃、攀爬、打猎，都不在话下。长大以后，布能豹更是跑酷、抓鱼、上树、爬楼样样精通，甚至还能在各种运动之间无缝切换。

像布能豹这么有运动天赋的活跃小猫咪，听说有机会体验一把宋代人的春游，当然是积极报名。说话间他就把自己装扮起来，翻身上马，带齐马霸霸提供的各种春游用具出发了，队伍中居然还有一名兔侍从替他背着油帽。只见布能豹在马上左顾右盼，得意扬扬，好不快活！

观复猫

GUANFUMAOSHUOWENHUA

说文化

金兔毫盏

宋代　观复博物馆藏

此宋代金兔毫盏，口部微外撇，盏壁斜直向下收紧至足部，形似斗笠，线条流畅。盏口施酱釉，棕黄色兔毫条纹从口部向下逐渐减少，釉至底部逐渐变深。

兔毫盏，为福建建阳窑茶盏独享的名称。宋代时期，福建地区以建阳窑为代表的窑口将烧造黑釉茶盏发展为一方特色。兔毫盏因其在黑釉表面发出细如毛发的短条纹而得名。在此基础上，根据发色程度不同，棕黄色条纹的被称作"金兔毫"，银白色条纹的被称作"银兔毫"。兔毫盏在宋代已经成名，宋徽宗、苏东坡、黄庭坚、杨万里、蔡襄等人均有对兔毫盏的描述和赞美。蔡襄在《茶录》中记载道："建安所造者绀黑，纹如兔毫，其坯微厚，胁之久热难冷，最为要用。"

黄花梨三弯腿方凳

明晚期　观复博物馆藏

明式家具中，方凳做三弯腿造型的实属少见。这件黄花梨三弯腿方凳用材讲究，造型精致，线条流畅。凳面装软屉，使用体验更舒适。凳面与凳腿之间凹陷的部位叫作束腰。从宋代起，束腰的造型开始常用在桌、案、椅、凳上，它的出现使家具看起来更富有层次。束腰与下面的壸门牙板为一木连做而成，壸门边沿起卷草纹。凳腿间用罗锅枨连接，既能达到装饰效果，也可提供支撑，使方凳更加牢固耐用。凳足端刻卷云纹，卷曲的线条与三弯腿的造型相呼应，极为美观。

青铜海棠锦地镂空行熏

宋代　观复博物馆藏

　　熏香文化由来已久。早在先秦时期，古人就已经焚烧带有特殊气味的植物来产生香气，从而驱杀蚊虫，净化空气。至汉代，外来香料经由西域传入，原料的丰富直接推动了熏香文化的繁盛。因此，专门用来盛放熏香的器物应运而生，造型种类与日俱增，按照其可移动性大致可分为熏炉、行熏两类。熏炉通常摆放在固定位置使用，行熏则可以手持，一般在行进中使用，尺寸较熏炉更小，移动方便。

　　这件青铜行熏的腔体饱满，便于盛放香料，同时内收的圆口能够有效保证行走时香料不被撒出。行熏腹壁上方镂空出四瓣海棠花形锦地，方便香气外溢，美观精致。行熏一侧装有提柄，是在移动中提拿的关键部位。

斗浆图

边喝茶，边决斗吧

古画
GUHUACHUANQI
传奇

可以"玩"的茶

看到《斗浆图》这幅画的名字，很多人不禁联想到吃早餐时热乎乎的豆浆。其实古画中的"斗浆"，指代的是斗茶。那斗茶又是什么意思呢？

在宋代，饮茶成为一种举国上下非常流行的文化。斗茶则是品鉴茶的优劣和考验斗茶者茶艺高低的竞技游戏，也称为茗战。想不到古人在喝茶的时候，还可以玩游戏，不得不佩服他们创造娱乐项目的能力。

我们如今的喝茶方式和宋代大相径庭。现在大多数人喝的是散茶，取一撮加工好的茶叶放到杯中，直接用开水冲泡饮用。宋代喝的主要是茶饼，称作团茶。被压制成饼状的茶十分结实，要把它喝到嘴里并非易事。

首先，用一把小槌敲碎茶饼，取适量的茶，然后将茶放入茶碾或茶磨中碾成茶末。碾碎后的茶末粗细不均，需要多次用茶罗筛细，保证最后喝茶时的口感。接下来是温盏，用开水烫热茶盏后，取适量茶末放入，再注入少许沸水，将茶末调成膏状。此时的茶，像散发着清香的浓稠芝麻糊，让人忍不住想尝一尝。

最后一步就是点茶，需要的工具有汤瓶和茶筅。点茶时用来装热水的汤瓶也被称为"执壶"。茶筅是由竹子做成的细长条刷子，和打蛋器有异曲同工之妙。热水从执壶的长流冲出，分几次注入茶盏。每注一次水，都要用茶筅以不同力度旋转搅动茶汤，使茶汤产生白色乳沫，这一做法叫击拂。宋徽宗在《大观茶论》中提出要注水击拂七次。

若是点茶初学者来操作，局面八成会陷入混乱。一边要保证水温适宜，一边要把控击拂茶汤的力度。力度轻了，茶汤的乳沫比较稀薄；力度重了，茶汤会溢出来。同样的一盏茶，点茶技高者能击拂出变幻无穷的茶汤。

击拂茶汤成功的秘诀，宋徽宗在《大观茶论》中已传授世人，仅仅四字——"手重筅轻"。在击拂茶汤时，通过有力的手腕带动茶筅，刚中带柔，张弛有度，听上去颇有武林高手的意味。

随着击拂次数不断增加，白色乳沫渐渐充满茶盏，这说明来到了点茶的尾声——换言之，终于可以喝茶了！经过前面的努力，"点"醒了隐藏在茶中的颜色和香气，真可谓一场色、香、味俱全的感官体验。

一个人点茶是雅兴，几个朋友一起点茶是趣味。其实，斗茶在唐代已出现，后由宋代将其发扬光大。斗茶的胜负取决于两点。一是看茶汤颜色，颜色更鲜白者为胜。优质的茶经过击拂后，茶汤会显露出浓郁的白色，如同牛奶。二是看茶盏内有没有水痕，击拂过程中，当水和茶末充分混合在一起，白色乳沫渐渐充满茶盏，最后几乎凝固不动时，称为咬盏。咬盏时间长、不露水痕者为胜。"碧沉霞脚碎，香泛乳花轻"便是唐代诗人曹邺描述的一盏好茶的状态。一番激烈的斗茶下来，斗茶者的心也随着白色汤花上下翻腾，充满紧张感。

除此之外，宋代人还可以在洁白的茶汤上面进行绘画创作，这可比现在的咖啡拉花早了近千年。北宋人陶谷在《清异录》中记载："使汤纹水脉成物象者，禽兽、虫鱼、花草之属，纤巧如画，但须臾即就散灭。此茶之变也，时人谓之'茶百戏'。"可见宋代人把茶已经玩出了新一层的花样。

宋代人这么会玩，定然不肯干巴巴地斗茶。品茶之余，会来上几轮行茶令。宋代关于茶的诗词最多，苏轼连在梦里都作起了关于茶的诗——"十二月二十五日，大雪始晴。梦人以雪水烹小团茶"，对茶的喜爱不言而喻。范仲淹的《和章岷从事斗茶歌》描述的斗茶画面感十足："其间品第胡能欺，十目视而十手指。"十只眼睛目不转睛地盯着斗茶者在击拂茶汤的手，决斗的紧张感一下子就出来了。

宋代的街头商贩

《斗浆图》为绢本设色，横33.8厘米，纵40.6厘米，现藏于黑龙江省博物馆。这幅《斗浆图》展现了宋代街头小商贩之间斗茶的场景。

宋代已经出现供人饮茶的茶坊、茶肆，《东京梦华录》中记载："曹门街，北山子茶坊内有仙洞、仙桥，仕女往往夜游，吃茶于彼。"这描绘了一派生意兴隆的景象。然而，去外面喝茶要有闲有钱，不是随时随地都可以，普通人在家喝茶费时费力，还费炭费水，于是，服务于民间百姓的卖茶的小商贩出现了，他们提着水瓶，走街串巷挨家挨户卖茶水。《东京梦华录》中称："更有提茶瓶之人，每日邻里互相支茶，相问动静。"卖茶人被叫作"提茶瓶之人"，除了为人们带来点茶服务，也传递近期的新闻消息。

《斗浆图》中一共有六个卖茶小商贩，他们头上皆戴着黑色幞头，衣着装束简便利索，袖口都挽至肘部，以防点茶时弄湿衣袖。视线继续向下至足部，其中一人足部被前面的人遮掩，一人赤脚，一人穿蓝色布鞋，还有三人皆穿样式简单的草鞋。古时候称草鞋为"屩"（juē），用的材料也各不相同，有稻草、麦秸、蒲草、麻皮、棕丝等。小商贩辛苦贩茶挣钱度日，制作精良、价格昂贵的鞋子可是承担不起的。

这幅画的视觉中心，是中间一手拿汤瓶，一手拿茶盏

《斗浆图》 宋代 黑龙江省博物馆藏

的小商贩。我们不单单是被小商贩注水时专注的神情吸引，更多的是对汤瓶的比例感到吃惊。画中的汤瓶，比实际使用的尺寸夸大了三四倍，金属材质，再装满热水，一定沉甸甸的。若小商贩每天都要拿起这么大的汤瓶来点茶，岂不是把它当成健身的哑铃？再看小商贩手中的茶盏，比实际用的尺寸又小了许多。中国画的特点之一，就是不追求写实，往往会把重要的部分放大表现，可见汤瓶在绘者心中的地位。

几个小商贩有的点茶，有的喝茶，有的观摩，有的夹炭。他们携带的装备大同小异，有汤瓶、茶盏、茶筅，竹筐里放满了炭条和炭火夹。斗茶多会选在清明时节，此时正值新茶上市，可以品鉴最鲜嫩的茶。小商贩胳膊上斜挎的油纸伞，正好印证了此时为梅雨季节。烟雨蒙蒙的宋代街头，几个小商贩聚在一起休息，互相为伙伴点一盏茶，缓解卖茶的疲劳。手捧着一盏热乎乎的茶，边休息，边和伙伴聊起八卦，又或是比试下究竟谁家的茶更胜一筹。小商贩的生活乐趣就体现在这些平凡的点滴之中。

茶的神奇传说

茶树已有六七千万年的历史，人类何时发现了茶的妙用，至今尚无定论。传说中，在上古时期，茶被有"农业之神"之称的神农氏发现。相传神农氏长着牛首，教授百姓播种五谷杂粮。无论晴天还是下雨，天气变化皆由神农氏掌握，其法力堪比龙王。具有无限冒险精神的神农氏，为自己设下了小目标：终有一天要尝遍天下草药，究其利害，造福人类。

《神农本草经》中记载："神农尝百草，日遇七十二毒，得茶而解之。"这段故事讲的是某一天，神农氏外出寻找草药试吃，一不小心竟然中了七十二种毒。不知是倒霉还是幸运，这时，空中飘过一片叶子，神农氏下意识抓住，放到嘴里尝了尝，顿时觉得神清气爽，中毒的症状缓解了不少，便命名这种草药为"荼"，即茶的前身。神话传说虽有夸大其词的部分，但能看出茶一开始被当作药物应用。

唐代之前，以"荼"来称呼茶最为普遍。除此之外，茶还有别的名字：茗、荈、蔎、槚等。到了唐代，在复州竟陵（今湖北天门市）出现了一位对茶做出巨大贡献的人物——陆羽。陆羽在世人眼中的地位，可以用一句诗来概括："自从陆羽生人间，人间相学事春茶。"他撰写出世界上第一部茶叶专著《茶经》，使茶文化传播得更加广泛。《茶经》详细总结了茶的历史，从考证茶的起源到采摘、制作、烹煮等，成为后人研究茶文化的必备书之一。

俗话说"柴米油盐酱醋茶"，茶成为古人日常生活中一个不可或缺的元素。茶历经千年，饮用方式不断创新，从最初的药用，到现在遍地开花的奶茶，都离不开茶的味道。千百年来，茶成为中国传统文化重要的一部分，为人们带来了无限的享受和乐趣。

钻入古画的观复猫

郑小墨

岳家枪

左罗罗

　　斗茶是一种风靡一时的竞技游戏，这种活动怎能少了争强好胜的岳家枪？岳家枪化身为画中一员，有模有样地品起茶来。想象在宋代街头，春风拂面，稍有些寒意，喝上一盏暖暖的茶，胃里备感温暖。看！一盏暖茶下肚后，岳家枪的尾巴舒服得翘了起来。

　　郑小墨正在夹取炉子中的炭条，以保证汤瓶里的水维持最佳温度。旁边的左罗罗身着粉色衣衫，卷起两只袖口，一手拿汤瓶，一手拿茶盏，正在全神贯注地向茶盏内注入沸水。看这架势，罗罗点茶的技术还挺像那么回事。罗罗将刚刚点好的茶分享给周围的兔子商贩一同饮用，其中一位兔子商贩举起茶盏一饮而尽，看来没有谁能抵挡住茶的香气。

观复猫 《斗浆图》

观复猫

GUANFUMAOSHUOWENHUA

说文化

官窑渣斗

南宋 观复博物馆藏

渣斗，也叫作奓斗，是古人用于盛放唾吐物的器物。渣斗可以放在宴饮席上，用于丢置食物残渣，造型小一些的可用于过滤茶渣。渣斗的材质有很多种，瓷器、漆器、金属器、玻璃器均有出现。

这件官釉渣斗鼓腹，圈足，造型小巧。釉色呈现青灰色，厚重莹润，淡泊高雅。器足精致，呈现"铁足"的特征。器身自然形成的"开片"横竖交织，形成独特的美感。

龙泉窑梅子青釉盏
南宋　观复博物馆藏

龙泉窑烧制的鼎盛时期是南宋，其优点体现为釉色、造型和取土。龙泉窑青瓷以釉色作为主要表现手段，南宋时期追求最美的颜色，所以有了粉青、梅子青等各种青色。梅子青仅在南宋时期烧制，釉色如青梅一般鲜明清润。

这件龙泉窑梅子青釉盏，呈倒置的斗笠状。茶盏的口径大于常规尺寸，线条简洁但又营造出夸张的感觉。

越窑青釉执壶
五代　观复博物馆藏

越窑在中国陶瓷史上占有非常重要的地位，自东汉到宋，烧造延续千余年，开辟中国青瓷文化之先河。唐五代为越窑瓷器的鼎盛时期，主要烧制青瓷。

此件执壶侈口束颈，鼓腹圈足，器型饱满端庄，釉色深沉滋润。壶嘴出水处称作"流"，唐代之前的壶多为短流，随着晚唐到宋代点茶的流行，壶嘴逐渐变成长流，以便加大茶汤的冲击力度。

吉州窑剪纸贴花盏

南宋　观复博物馆藏

吉州窑是宋代南方的著名窑口，始于唐代，宋代兴盛，元代渐渐没落。吉州窑在瓷器纹饰制作上有着极具特色的手法，比如这件黑釉茶盏，利用剪纸贴花元素作为装饰——首先把剪纸花纹贴在施过底釉的器物表面，然后再施一层褐黄色釉，之后入窑，在高温下烧制完成。此工艺可谓是吉州窑工匠的独创。

蔡襄《茶录》中记载"茶色白，宜黑盏"，说的是宋代茶色尚白，喜欢用黑色的茶盏，可以衬托出茶色的鲜白。于是，黑色的茶盏成为宋代茶盏中最流行的款式。

古画
GUHUACHUANQI
传奇

讲究的饮茶之风

孔子"割不正,不食""席不正,不坐"(《论语·乡党》),体现了一种对生活的讲究。后世文人把这份讲究充分体现在饮茶上面。茶不再仅仅是解渴的饮品,更多的是在精神方面的追求。

宋代饮茶之风格外盛行,上至皇家,下至百姓,几乎每家每户都离不开茶。今天北京人习惯见面问候一句"您吃了吗",而在宋代,遇见朋友的第一句话可能是"您喝了吗"。

嗜茶的基因一直流淌在宋代皇帝的血液中,宋代几乎没有不爱茶的皇帝。开国皇帝宋太祖赵匡胤算是茶的头号粉丝,为了在宫内更加方便地喝上茶,设立了专门负责茶事的机关部门。

皇帝不仅自己爱喝茶,还乐于将茶分享给大臣们。《全宋笔记》记载了"凡遇时节,例赐茶酒",即每逢重大节日,皇帝会根据官员等级赏赐茶和酒。这里的"茶"指的是茶饼,大臣们若是能得到一块皇帝赏赐的好茶饼,就能够在别人面前炫耀好一阵子。

北宋大文学家欧阳修在《〈龙茶录〉后序》中详细记载了被赐茶者的心情:"中书、枢密院各四人共赐一饼,宫人剪金为龙凤花草贴其上。两府八家分割以归,不敢碾试,相家藏以为宝。时有佳客,出而传玩尔。"大臣得到皇帝的赐茶后,自己舍不得喝,把茶当作宝贝珍藏起来,当有非常要好的朋友来访,才会拿出来给瞧一眼。欧阳修本人在官场驰骋三十多年,仅得到了一块皇帝的赐茶,可见其珍贵程度。

宋代品质最好、最出名的茶叫"龙团凤饼",听着像糕点的名字。茶叶被刻有龙凤纹饰的模具压制成圆饼状,茶饼表面留下精美的龙凤纹饰。"龙团凤饼"是福建北苑生产的上供贡茶,专门给皇家饮用。北宋诗人王禹偁曾有幸得到皇帝赏赐的"龙凤茶",作诗《恩赐龙凤茶》留念:

样标龙凤号题新,赐得还因作近臣。

烹处岂期商岭水,碾时空想建溪春。

香于九畹芳兰气，圆如三秋皓月轮。

爱惜不尝惟恐尽，除将供养白头亲。

王禹偁得到珍贵的茶饼后舍不得喝，想把这份皇帝赏赐的"龙凤茶"和父母一同分享，孝心十足。

繁盛的茶宴

和皇家的赐茶相比，举办茶宴显得更接地气一些。茶宴是用茶来招待客人的聚会活动，再备上些糕点、水果、小菜等，和我们现在吃下午茶没什么两样。茶宴在唐代已经流行起来，白居易就曾因错过一场大型茶宴，遗憾万分地作诗《夜闻贾常州、崔湖州茶山境会，想羡欢宴，因寄此诗》，其中写道："青娥递舞应争妙，紫笋齐尝各斗新。"说的就是唐代著名的贡茶：紫笋茶。

宋代有名的茶宴，要数宋徽宗赵佶亲自参与的那几次。"上命近侍取茶具，亲手注汤击拂"，兴之所至，宋徽宗还会在茶宴上亲身示范点茶，并分给众臣品评茶香，这在宋代笔记《延福宫曲宴记》《太清楼侍宴记》有记载。

宋徽宗对茶的迷恋，一点都不亚于宋太祖。他认为饮茶的精神境界应该达到"冲澹简洁，韵高致静"，还专门为茶写了一本书，叫《大观茶论》，书中从20个方面完整记述了与茶有关的内容，分别是地产、天时、采择、蒸压、制造、鉴辨、白茶、罗碾、盏、筅、瓶、勺、水、点、味、香、色、藏焙、品名、外焙。

"上好是物，下必有甚者矣"，宋代文人雅士的审美情趣，将茶推向了更高的地位，仿佛整个宋代社会都弥漫着茶的清香。台北故宫博物院的《撵茶图》，绢本设色，横长66.9厘米，纵宽44.2厘米，表现的便是当时文人以茶会友的高雅场景。绘者传为刘松年，他是南宋宫廷画家，与李唐、马远、夏圭并称画史上的南宋四大家。

画面自然分成两个场景。右侧是茶宴的三位主人围在画案周围。一位僧人站在画案后，微微弯下身子，手执毛笔正欲创作。他的表情放松，唇角微弯，显出一副胸有成竹的样子。画案之旁两位文士专注地注视着，其中一人手中还拿着画卷。有专家考证此画中人物似为唐代草圣怀素与学士钱起、戴叔伦。

画案上摆放了诸多文房用品，有横着墨的砚台、架着毛笔的笔架山、正在焚香的香炉、带底座的小铜瓶等。最有趣的是镇尺和砚滴，都设计成趴伏的小兔子造型，体现二者明显是一套文房产品，也使画面瞬间变得可爱了许多。

《撵茶图》 宋代 台北故宫博物院藏

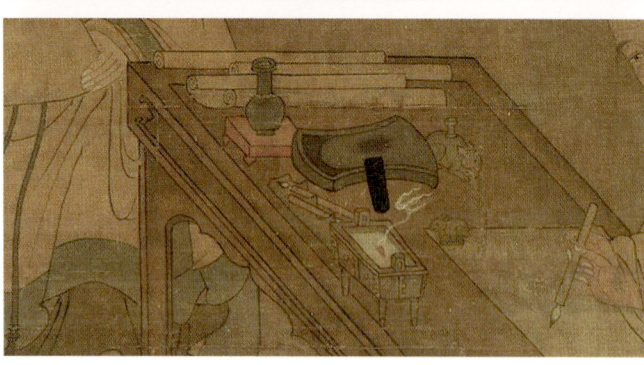

众多的细节，体现了画家细致的观察力和童趣的一面。

水、茶、器皿、环境甚至共饮之人，都可能会对饮茶的体验造成影响。《撵茶图》中蕉林怪石、清幽焚香、闲适看画、好友相聚，明显看出来饮茶的气氛已经烘托到位。

奇特的茶具

《撵茶图》的左侧画面描绘了两位正在忙碌备茶的侍从。画中表现的宋代饮茶方法和各式各样的茶具，以今天人们喝茶的习惯来看很是奇特。

宋代的饮茶方式以点茶为主，以茶饼为例，步骤大致可分为：炙烤茶饼，碾成茶末，过罗筛茶，将茶末放置于茶盏中，调成膏状，再注入沸水，用茶筅快速击拂，最后形成一盏完美的茶汤。

画面中前方的侍从跨坐在长方矮凳上，面前摆放着一个小型的石茶磨。转动石磨磨茶，就称为"撵茶"。石磨旁放着笤帚状的茶帚和一件勺子状的茶则，用来扫取茶末。侍从身旁放着烧水的炉子，叫作风炉。风炉上正在煮水的器物叫釜，在《茶经》中叫作"鍑"。

风炉后方放置一张平头案，案面摆满了琳琅满目的茶具，白釉茶盏、朱漆盏托、筛茶用的茶罗、储茶用的茶盒都摆放在一起。一只大水盂中盛满热水，水面露出一把龙头水勺，旁边放着茶筅。另一个侍从左手拿茶盏，右手拿执壶，正准备点茶。他的身后摆放着一个巨大的储水瓮，水瓮上面放了一片荷叶作为遮挡，避免灰尘落入水中。

我们来总结一下《撵茶图》中出现的各式茶具：

茶磨：一般为石质，将茶碾碎；

茶帚：以棕编成，将茶末扫回茶磨；

茶则：将茶末舀入茶盒或茶盏中；

茶罗：将茶末过罗筛匀，去除杂质；

茶盒：储藏筛过的茶末的盒子；

风炉：燃火煮水的炉子，炉身开口用于通风取灰；

茶鍑：煮水用具，多带提梁；

茶盏：盛放茶汤的容器，敞口，口以下逐渐收敛；

盏托：承托茶盏，防止热水烫手；

执壶：用于注入沸水，宋代又称"汤瓶"；

茶筅：形似竹刷，用于击拂茶汤；

水勺：用于舀水的勺；

水盂：小型储水容器，盛装煮沸的水；

水瓮：大型储水容器，盛装未使用的水。

这么多五花八门的茶具，现代人能够一一叫出茶具的名字已是难得。文人出门小聚品茶，倒是忙坏了准备东西的侍从们。难怪宋人吴自牧在《梦粱录》中说："烧香点茶，挂画插花，四般闲事，不宜累家。"

观复猫 《撵茶图》

钻入古画的观复猫

此幅《撵茶图》生动形象地还原了文人在室外举办茶宴的场景。文人喜欢品味茶的意境，茶香、炉香、花香，混合在氤氲的空气中，文人的脑海中顿时思绪万千，诗词歌赋有感而发。观复猫程两两平时就一脸无欲无求，化身画中高僧倒也合适。只见他神情凝重，手中执笔，嗅着茶香，看着美景，陷入沉思，仿佛脑中正在构思着创作内容。

马霸霸和观复猫杨家枪为文人模样，坐在桌旁注视着创作欲满满的两两。只见杨家枪坐姿端正，一本正经，手执画卷，眼睛瞟向程两两。慈祥的马霸霸坐在桌前，看着观复猫一天天长大，对宋代文化的了解也越来越深厚，不禁露出欣慰的笑容。

观复猫

GUANFUMAOSHUOWENHUA

说文化

茶磨

宋代的茶叶有两种：一种叫片茶，即茶饼；一种叫散茶，即叶茶。无论是哪种茶，饮用时均需将其碾成茶末。用于碾碎茶叶的工具由此诞生，《撵茶图》中使的是其中之一——茶磨。用茶磨将茶磨碎，称为撵茶。茶磨一般都为石质，因其材料天然，也不会对茶色有所影响。

南宋的审安老人撰写的《茶具图赞》，是我国历史上第一部茶具图谱。他将宋代盛行的 12 种茶具以图文形式做了记录，并为其取名字、雅号、官职。茶磨在书中被称为"石转运"。这可不是"转动石磨，好运到来"的意思。"转运"指转运使，是古代的一种官职，宋代的转运使能掌管一路的财赋，并监察地方官吏，职权很大。给茶磨赋予这样的官职，可见撵茶对宋代斗茶的重要性。

青白釉瓜棱形弦纹带盖执壶
北宋　观复博物馆藏

执壶的壶嘴，专业术语为流。唐代的执壶，壶嘴短而被称为短流，流口宽大短直，出水速度快，犹如大唐豪放的气魄。宋代的执壶则多见长流，长而曲折的流口，让出水速度变得缓慢。

这件执壶釉色清新，和宋代所追求的淡雅审美如出一辙。壶身为瓜棱形，壶盖与壶柄上带有环状构件，当时应有绳链等物将两者连接在一起。点茶时，这件长流执壶能营造出茶面不破的效果。

吉州窑黄釉白口盏
宋代　观复博物馆藏

吉州窑是古代著名瓷器窑口之一，位于江西吉安市永和镇境内，因吉安古称吉州而得名。吉州窑始建于晚唐，南宋时达到鼎盛，元代以后逐渐衰落，距今已有1200多年的历史。吉州窑生产的瓷器种类繁多，最著名的是各式茶盏，如兔毫盏、鹧鸪斑、玳瑁斑，以及别出心裁的木叶贴花盏和剪纸贴花盏。

吉州窑的黄釉瓷器很少见。观复博物馆所藏这件茶盏敞口小足，呈斗笠状。碗壁施黄釉，口沿和足部留白。黄釉沉稳，白釉醒目，撞色搭配赋予这件茶盏别样的美感。

风字砚

宋代 观复博物馆藏

"笔墨纸砚"是文人书房中必不可少的四件文房用具。砚台的材料丰富,形制多样。历代文人墨客,大有爱好收藏砚台之人。人们津津乐道的"四大名砚"包括广东肇庆的端砚、安徽歙县的歙砚、甘肃洮州(在今甘肃临潭)的洮河砚、山西绛州(今山西新绛)的澄泥砚。到了清代由于受到清朝贵族的推崇,也有把产自东北的松花砚列入名砚之中的说法。

这件砚台形制古朴,四边外撇,砚首窄,砚尾宽,外形酷似"风"字,因此得名"风字砚"。风字砚历史悠久,在唐代非常流行,一直影响到宋代。此砚砚堂下凹,砚边高于砚堂起到拦墨作用。砚背有两并列板足,刚好把砚堂抬起。

张果见明皇图

千里马常有，而伯乐不常有？

古画
GUHUACHUANQI
传奇

纵白驴恣意紫宸殿

《张果见明皇图》是元代画家任仁发所绘的绢本设色画，纵41.5厘米，横107.3厘米，现藏于故宫博物院。这是一幅人物故事画，描绘了张果在紫宸殿谒见唐明皇的场景。张果，即中国家喻户晓的"八仙"之一张果老。在他名字后加"老"字，说明他年纪比较大，也表示对他的尊敬。

画面中的张果端坐在右侧鼓凳上，头戴高巾，身着青衫，脸上满布皱纹，外加一把花白胡子，俨然一副年迈老者的样子。可再看他眼神明睿，唇色红润，笑口常开，又是一副充满活力、开怀健硕的形态，果真透着几分从容的仙气。

张果双手摊开，看似正施展法术。地上一件穿带箧呈开启状，随行的小童从中放出一头小白驴。可能是一个不留意，抑或是故意为之，白驴居然径自朝身着黄袍的唐明皇奔去。这一跑，踢翻了箧，吓坏了小童，也逗乐了在场的随侍。唐明皇的注意力完全被眼前突然发生的这一幕吸引，目不转睛地盯着向他跑来的小驴。小驴仅比手掌大些，鞍辔齐全，奔跑如常，真是奇异！世间竟有如此仙术，不愧是"仙人"张果。

《张果见明皇图》讲述的这段故事，还要从唐明皇一心求见仙人说起。相传，张果本是隐居在恒州中条山（今属山西大同）的修仙之人，人们时常见他骑着一头白驴外出。时人都传张果有"长年秘术"，可以长生不老。武周时朝廷就曾召他出山，可张果假死避过了宣召，之后竟然复生。他的白驴非常神奇，不但可以日行万里，而且在张果休息时会被折叠成纸片薄厚放在巾箱里，需要骑乘时张果就口含清水对着纸驴一喷，顷刻间又还原出一头活生生的白驴。

东方有仙人如此传奇，一心求道的唐明皇自然不甘耳闻，定要亲眼求见。据宋代成书的《太平广记》记载，唐明皇前后两次派人入中条山，才成功将张果请入宫。

开元二十三年（735年），唐明皇先是派去通事舍人裴晤，可张果却当着裴晤的面气绝身亡了。这可把奉旨前来的裴大人吓得不轻，赶忙恭敬地焚起香，向死去的张果说明了明皇的求道之意。顷刻间，张果居然渐渐苏醒过来。

这一番折腾着实让在场众人都捏了一把汗。裴晤自然再不敢莽撞行事，只能无功而返。唐明皇第一次迎张果以失败收场。

一试不成，唐明皇决定再请一次。吸取了裴晤之前的教训，唐明皇这次备足了诚意，命中书舍人徐峤带上了诏书，恭恭敬敬地再入中条山，以礼相迎张果。不知是被帝王的诚意打动，还是无法推辞，张果竟真随徐峤到了洛阳，下榻集贤院。皇帝得知真的请来了仙人张果，喜不自胜，迅速备下了轿辇，礼数完备地把张果请进了宫。

唐明皇崇慕张果，两次派人入中条山，终于得偿所愿。二人见面后，唐明皇多次验探张果的仙术，均屡试屡验，终于深信不疑，下旨授张果银青光禄大夫，赐号"通玄先生"。

子明画马论肥瘠

任仁发，字子明，号月山道人，南宋宝祐二年（1254年）七月出生于松江青龙镇，年少时家境贫寒，以捕水禽野鸭为业。但就是在这样的成长环境中，任仁发早早地表现出了"异于群儿"的天赋。18岁时，他怀着对未来仕途的远大志向考试入举，称得上"年轻有为"。可是没过几年，都城易主，宋亡元继，学子们的科举仕途被迫中断了。元朝对文治的重视远不如宋朝，再加上文人的傲气和气节，壮志难酬一度成为江南才子们的常态。朝代更迭势不可当，任仁发身在其中，人生轨迹自然也随之转向。

元代至元年间，任仁发在将近而立之年时，终于有机

会以当初南宋举人的身份，向当时的浙西道宣慰使游显自荐，得到了一个在幕府中办理文书的小吏的职务。此后，他开始了在元廷的仕途。经过一番变迁后，他在年近五旬时才凭借踏实肯干的治水才能，在水利领域另辟蹊径。凭借出众的治水成绩，任仁发被任命为都水监丞，主理水务，后又升任都水少监，官至浙东道宣慰副使。元泰定四年

《张果见明皇图》 元代 故宫博物院藏

(1327年)冬,任仁发于家中去世,享年73岁。在他去世前两年,已经年过七旬的任仁发还被委以督导淀山湖治理的重任,可见其卓越的水利才干。

虽然治水成绩卓著,但在任仁发心中,扶济苍生的胸怀抱负却始终与混沌的仕途环境激烈地斗争着。他选择用画笔将内心的这种挣扎抒发出来。任仁发绘画造诣精深,传世作品众多,尤擅画马。

任仁发笔下的马,不仅神形皆备,且具有独特的任氏风骨。他曾画一肥一瘦两匹马:肥马膘肥肉厚,得意自在;瘦马骨瘦如柴,疲惫蹒跚。他为此画亲笔作跋,将肥瘦二马的形态描述一番之后感叹道:"世之士大夫,廉滥不同,而肥瘠系焉。能瘠一身而肥一国,不失其为廉;苟肥一己

而瘠万民，岂不贻淤滥之耻欤？"肥瘦二马的对比，就是任仁发心中对官场得失利弊的态度。用肥马贬贪官，讽刺他们吸食民脂民膏，只为一己私利；以瘦马赞清官，勤政廉洁，自身劳碌奔忙却造福百姓民生，是为榜样。

画马抒情的同时，也有自荐。马是元代统治者最熟悉的伙伴，因此，以"马"为主题的画作在元代颇为流行。任仁发画马，实则是以马自比，是千里马寻伯乐的恳切心情。虽然《张果见明皇图》画的是人物故事，但任仁发画马自荐的思路没有变。那头直奔明皇而去的小白驴，又何尝不是他希望被新朝重用想法的真实投影。画中的唐明皇是潜心求道的伯乐，张果是通玄不羁的千里马，经过中条山两番迎请、紫宸殿的几经试探，终得彼此所愿。可反观任仁发的生平，这位南宋末年入举的才子，胸怀一腔抱负，却无奈在元廷浮沉一生，一路期待着赏识他的伯乐。任仁发以开创"开元盛世"的唐明皇为题材，并巧妙地将其与自己擅长画的马相结合，希望以此引导元统治者向李唐王朝学习，知人善任，实现文治武功的全盛。

月山治水济吴淞

画有所言，任仁发入仕更有所长。他以心怀天下的胸襟，乘风破浪一生，最终在水利治理上实现了造福民生的初衷。"月山之为人，多才而智，有益于世。至于水利钱法，皆深造极致。"这是元末文豪康里巎巎（náo）对任仁发的评价。

任仁发治水的身影大江南北都有迹可循。至北疏浚元大都通惠河，中原黄河决口的治理工程也有他的参与，晚年南归家乡，他的治水足迹踏遍了太湖流域。对太湖流域的水利治理是任仁发水利生涯的辉煌成就，疏浚吴淞江入海口、修筑盐官州海塘、整治太湖东海塘、淀山湖治理等工程都在他的主持下化险为夷。

任仁发的治水思想继承自宋代范仲淹、欧阳修等人的水利理论和实践，他总结出"开河、筑堤、置闸"的"治水三法"，并结合元代太湖地区的实际情况，系统地疏通吴淞江淤塞，有效地解决了太湖水入海不畅的问题，沿岸百姓受益颇多。

聚小流汇成江海，任仁发写就《水利集》。书中囊括了他四十余年治水的经验、他读到的前人水利文献、多年积累的宋元治水公文等丰富的信息，并总结水利兴废思想，深入研究太湖水入海情况，甚至对治水工具都做了详细记录。《水利集》这样翔实难得的元代水利专著，在后世广为传抄，也是后代研究元代水利民生情况的重要文献，其价值不言而喻。

"世有伯乐，然后有千里马。千里马常有，而伯乐不常有。"真的是这样吗？子明画马论肥瘠，月山治水济吴淞，任仁发的才智从未被埋没，扶济苍生的初衷与抱负也终在他锲而不舍的追求中得以实现，随着《水利集》的流传滋润着百姓民生。

千里马何尝不能是自己的伯乐！

观复猫 《张果见明皇图》

钻入古画的观复猫

八仙过海，各显神通！

这可让少年老成的观复猫孟大咖心动坏了，迫不及待地扮演起了"八仙"之一的张果老，非要亲自去《张果见明皇图》中看看日行万里的白驴到底有多神奇。要说能扮作唐明皇和孟大咖搭戏的，观复猫中非金胖胖莫属，且看他姿态持重，毛色金黄，浑身散发着贵气。皇帝和仙人相见总要有个中间人，就顺便拉上杨家枪吧。

孟大咖头戴高巾，身着长袍，乐呵呵地坐在鼓凳上，神态充满自信。弟子喵半蹲在大咖身前，看着从箧中跑出的小白驴，有些不知所措。在白驴奔去的方向，金胖胖身着明黄色圆领缺胯袍，腰系玉板蹀躞带，正好奇地打量着这头神奇的白驴。杨家枪扮演的官员身着紫袍，被逗得哈哈大笑，连御前礼仪都忘了。金胖胖身后的宫人们都被眼前的一幕惊呆了，他们不禁窃窃私语："世上果真有如此神通之人！"

观复猫

GUANFUMAOSHUOWENHUA

说文化

蹀躞带

蹀躞带是唐代男子常服的必备组成部分，是用来束在腰间的革带。蹀躞，读作"diéxiè"，指从革带上垂下来系挂物品的小带子。要连接蹀躞与革带，就需要先在革带上装"銙"，銙上附有环，蹀躞就系在环上。这里的"銙"就是带板的原型。

隋代与初唐时期，革带上所系的蹀躞较多，盛唐以后逐渐减少。至唐代中晚期，许多革带上已不系蹀躞。简化后的蹀躞带大致包括革带（鞓）、带扣、带板（銙）、铊尾（革带末端的装饰物）。其中带板承担了重要的装饰作用，材质多样，造型可见方形、圆形、椭圆形及鸡心形等。

唐代以带板材质和数量表明等级，《新唐书·车服志》记载："以紫为三品之服，金玉带銙十三；绯为四品之服，金带銙十一；浅绯为五品之服，金带銙十；深绿为六品之服，浅绿为七品之服，皆银带銙九；深青为八品之服，浅青为九品之服，皆鍮石带銙八；黄为流外官及庶人之服，铜铁带銙七。"虽然金、玉材质皆为最佳，但唐人崇尚玉质，达官显宦均以佩戴玉带銙为荣。

绞胎釉大碗

唐代 观复博物馆藏

绞胎釉是唐代出现的一种陶瓷新工艺，工匠在长期实践中创造出的一类返璞归真的作品，其纹理源自对自然石纹、木纹、花纹、鸟羽等的模仿。将两色瓷土按照一定比例和工艺绞制成型，形成自然交缠的纹理，然后或塑造成型，或切片粘在器物表面，最后罩透明釉烧制而成。这件制作于唐代的绞胎釉大碗，颜色质朴，纹理抽象，仔细欣赏令人回味无穷。

绞胎是唐人美学的升华。它在颜色清晰的"南青北白"单色釉的强势统治下，凭一己之力将陶瓷审美提升到抽象含蓄的双色碰撞，自然流畅，疏密得当。恰如唐代开放包容的姿态，大唐内外，你中有我，我中有你。

黑白玉雕胡人吹箫带板

唐代　观复博物馆藏

这件唐代带板应为蹀躞带上的装饰部件，所使用的玉质细腻，雕刻构思精巧。工匠巧妙地利用了玉料本身的黑白纹理，以黑色处作为背景，在浅色处运刀走线，浮雕出一胡人造型。此人双手执箫正在吹奏，单膝跪地似在舞蹈。最生动的要数缠绕在他身上的帔帛，仿佛正随着舞蹈节奏旋转飘扬。根据研究显示，帔帛早在南北朝时已自中亚传入我国，发展至唐代时一度成为女装的标配，大唐女子的裙、衫外面"皆施帔帛"。

头巾

画中张果头戴的帽子在古代叫作头巾，沿袭自宋代的桶顶帽，古代读书人最常佩戴。虽称作头巾，但实际是帽子，这是古今叫法的区别。

元曲《勘头巾》中描写过一件"芝麻罗头巾"，是剧中谋杀案的主要物证，可见头巾在当时社会使用很普遍。传说张果早年也曾数次求考科举，佩戴头巾倒与他的身份契合。